税务会计（第三版）学习指导书

SHUIWU KUAIJI (DI-SAN BAN)
XUEXI ZHIDAOSHU

主　编　梁俊娇　王怡璞

中国人民大学出版社
·北京·

"十三五"普通高等教育应用型规划教材
财经系列

税务会计（第三版）学习指导书

SHUIWU KUAIJI (DI-SAN BAN)
XUEXI ZHIDAOSHU

主 编 梁俊娇 王怡璞

中国人民大学出版社
·北京·

前　言

《税务会计（第三版）学习指导书》是与梁俊娇、王怡璞主编的《税务会计（第三版）》相配套的学习指导用书。本书在章节安排上与主教材的顺序保持一致，第1章到第7章的内容均包括学习目的与要求、重点与难点、关键术语、习题与答案四个部分。本书最大的特点是“新”“活”，同时结合最新的税收制度，根据各税种的特点灵活地设计题型，并针对练习题给出了详细的解析。通过学习本书，能够培养和提高学生的理解能力及专业技能。本书由梁俊娇教授、王怡璞担任主编，高晰洁、陈颖、杨丹艺参与了本书的编写工作。

编者

目　录

第 1 章　税务会计概述/1
一、学习目的与要求/1
二、重点与难点/1
三、关键术语/4
四、习题与答案/5
第 2 章　增值税的会计核算/13
一、学习目的与要求/13
二、重点与难点/13
三、关键术语/17
四、习题与答案/19
第 3 章　消费税的会计核算/55
一、学习目的与要求/55
二、重点与难点/55
三、关键术语/60
四、习题与答案/62
第 4 章　企业所得税的会计核算/75
一、学习目的与要求/75
二、重点与难点/75
三、关键术语/86
四、习题与答案/87
第 5 章　个人所得税的会计核算/112
一、学习目的与要求/112

二、重点与难点/112
三、关键术语/130
四、习题与答案/130
第 6 章　土地增值税的会计核算/155
一、学习目的与要求/155
二、重点与难点/155
三、关键术语/158
四、习题与答案/158
第 7 章　其他税种的会计核算/171
一、学习目的与要求/171
二、重点与难点/171
三、关键术语/173
四、习题与答案/173

第1章 税务会计概述

一、学习目的与要求

通过本章的学习，学生应掌握税务会计的概念，税务会计的前提和原则，税务会计的科目与凭证，纳税人的权利、义务和法律责任。

二、重点与难点

（一）税务会计的概念

税务会计是以税收法律法规为依据，以货币为主要计量单位，运用会计学的理论及其专门方法，核算和监督纳税人的纳税事务，参与纳税人的预测、决策，达到既依法纳税，又合理减轻税负的一个会计学分支。

（二）税务会计与财务会计的联系与区别

1. 会计目标不同。财务会计主要是向管理者（政府有关综合部门）、投资者和债权人提供有关企业财务状况、经营成果以及现金流动状况等方面的信息；税务会计主要是向税务部门及企业决策者提供有关企业应纳税款等税务方面的信息。

2. 核算依据不同。财务会计的核算依据是各种会计法规与制度；税务会计的核算依据除了各种会计法规与制度外，更重要的是税收法律法规。

3. 提供的信息不同。税务会计主要编制纳税申报表及应交税款明细表，提供有关纳税的资料；财务会计通过编制资产负债表、利润表和现金流量表，反映企业的财务状况、经营成果和现金流量情况。

4. 会计原则的运用不同。财务会计一般采用权责发生制处理会计事项，而税务会计必须采用联合制处理会计事项。

（三）税务会计的特点

1. 法律性。纳税主体必须遵守税收法律法规。

2. 专业性。税务会计是一门专业性很强的会计学科，它运用会计的专门方法仅对与纳税有关的经济业务进行核算和监督。

3. 融合性。税务会计是融税收法规和会计制度于一体的特种专业会计。

4. 两重性。税务会计的目标具有两重性，既要保证国家及时、足额地取得税收收入，又要维护纳税人的合法权益。

（四）税务会计的目标

1. 依法履行纳税义务，保证国家财政收入。

2. 正确进行税务处理，维护纳税人合法权益。

3. 合理选择纳税方案，科学进行税收筹划。

4. 遵循法律规定，严格控制涉税风险。

（五）税务会计的基本前提

1. 纳税主体。纳税主体是税法规定的直接负有纳税义务的单位和个人。

2. 持续经营。持续经营的前提意味着该企业个体将继续存在足够长的时间，以实现其现在的承诺。

3. 货币时间价值。随着时间的推移，投入周转使用的资金价值发生增值的能力或数额，就是货币时间价值。

4. 纳税年度。纳税年度是指纳税人按照税法规定应向国家缴纳各种税款的起止时间。

（六）税务会计的原则

1. 权责发生制与收付实现制相结合的原则。税务会计在以权责发生制为基础的同时，适度引用收付实现制，可以达到确保国家财政收入的目的。

2. 确定性原则。企业在进行会计核算时，收入、成本和费用的实际实现具有确定性。

3. 配比原则。企业在进行会计核算时，某特定时期的收入应当与取得该收入相关的成本、费用配比。

4. 划分营业收益和资本收益原则。营业收益和资本收益具有不同的来源，并担负着不同的纳税责任，在税务会计中应严格划分。

5. 统一性和确定性原则。税法在其有效范围内具有高度集中、高度统一的特征，而税务会计在进行税务处理时要严格遵守税法，因此具有统一性和确定性成为税务会计必须遵循的一项原则。

6. 税款支付能力原则。税款支付全部是现金流出，因此在考虑纳税能力的同时，更应考虑税款的支付能力。

7. 税收筹划原则。税务会计在进行税收实务处理时，要注重税收筹划。

8. 控制纳税风险的原则。税务会计在进行涉税会计处理时，应严格遵循税法的规定，建立相应的税收风险管理机制，避免涉税风险的产生。

（七）税务会计的科目设置

涉及税务资金运动的科目主要有"应交税费"、"递延所得税资产"、"递延所得税负债"、"税金及附加"和"所得税费用"。

纳税人要注意每个科目核算的内容。

（八）税务会计凭证

1. 应征凭证。应征凭证是税务机关用以确定纳税人、扣缴义务人及代征单位应交税费发生情况的证明，也是核算应征税款的原始凭证，主要有纳税申报表、代扣代缴税款报告和预缴税款申报表等。

2. 减免凭证。减免凭证是享受减免税的纳税人在减免税期间发生纳税义务后，按税务机关确定的纳税申报期限向税务机关填报的，用以确定实际享受减征的一种原始凭证。

3. 征缴凭证。征缴凭证是税务机关向纳税人征收税款时使用的完税凭证，也是纳税人实际上缴税金的原始会计凭证。

4. 入库凭证。入库凭证是证明税款已经缴入国库的凭证。

5. 提退凭证。提退凭证是办理退税时使用的凭证。

（九）纳税人的权利

纳税人的权利包括：知情权，保密权，纳税申报方式选择权，依法享受税收优惠权，申请延期申报和延期缴纳税款的权利，申请退还多缴税款权，委托税务代理权，陈述与申辩权，拒绝检查权，税收法律救济权与依法要求听证权，索取税收凭证权和税收监督权。

（十）纳税人的义务

纳税人的义务包括：依法进行税务登记的义务，依法设置账簿、保管账簿和有关资料以及依法开具、使用、取得和保管发票的义务，备案的义务，按照规定安装、使用税控装置的义务，按期如实申报的义务，按期缴纳税款的义务，代扣代缴税款的义务，依法接受检查的义务，及时提供信息的义务，报告其他涉税信息的义务。

（十一）纳税人的法律责任

1. 违反税务管理基本规定行为的处罚。
2. 逃避缴纳税款及其法律责任。
3. 欠税及其法律责任。
4. 骗取出口退税的法律责任。
5. 抗税的法律责任。
6. 进行虚假申报或不进行申报行为的法律责任。
7. 在规定期限内不缴或者少缴税款的法律责任。
8. 扣缴义务人不履行扣缴义务的法律责任。
9. 不配合税务机关依法检查的法律责任。

三、关键术语

税务会计：以税收法律法规为依据，以货币为主要计量单位，运用会计学的理论及其专门方法，核算和监督纳税人的纳税事务，参与纳税人的预测、决策，达到既依法纳税，又合理减轻税负的一个会计学分支。

纳税主体：税法规定的直接负有纳税义务的单位和个人。

货币时间价值：随着时间的推移，投入周转使用的资金价值将会发生增值，这种增值的能力或数额就是货币时间价值。

纳税年度：纳税人按照税法规定应向国家缴纳各种税款的起止时间。

权责发生制：在确定某一会计期间的收入或费用时，以权利和义务是否发生为标准，即：只要权利已经发生，不论款项是否已收到，都确认为当期收入；只要义务已经发生，不论款项是否已付出，都确认为当期费用。

收付实现制：在确定某一会计期间的收入和费用时，以款项是否实际收到和付出为标准，即：只要款项在当期收到，无论是不是当期实现的收入，都确认为当期收入；只要款项在当期支付，无论是不是当期应该承担的费用，都确认为当期费用。

配比原则：企业在进行会计核算时，某特定时期的收入应当与取得该收入相关的成

本、费用配比。

营业收益：企业通过经常性的主要经营活动而获得的收入，主要包括主营业务收入和其他业务收入两个部分。

资本收益：在出售税法规定的资本资产时所得的收益。

税收筹划：纳税人在其经营决策、筹资决策和投资决策的过程中，在税法允许的范围内，以降低税负为目标，运用现代管理理论与方法，对纳税活动进行方案的规划、预测、比较、决策等一系列管理活动的总称。

欠税：纳税人、扣缴义务人超过税收法律法规规定或税务机关依照税收法律法规规定的纳税期限，未缴或少缴税款的行为。

骗税：纳税人以假报出口或者其他欺骗手段，骗取国家出口退税款的行为。

四、习题与答案

（一）术语解释

1. 税务会计
2. 货币时间价值
3. 纳税主体
4. 权责发生制
5. 收付实现制

（二）填空题

1. 税务会计是一门融____和____为一体的专门会计。
2. 税务会计具有____、____、____和____的特点。
3. 税务会计的基本前提有____、____、____、____。
4. 纳税人欠缴应纳税款，采取转移或者隐匿财产的手段，妨碍税务机关追缴欠缴税款的，由税务机关追缴欠缴的税款，并处____的罚款；构成犯罪的，依法追究刑事责任。

（三）判断题

1. 税务会计是独立于财务会计之外，与财务会计并列的一门专业会计。（ ）
2. 税务会计可以帮助企业管理者对企业的税务活动进行科学的预测和决策。（ ）
3. 税务会计是企业会计的一个特殊领域，是对企业生产经营活动中涉税部分的核算和反映，所以无须接受税务机关的审查监督。（ ）

4. 我国税法规定，纳税年度只能是自公历1月1日起至12月31日止。（　）

5. 所有财务会计的原则都适用于税务会计，反之，所有税务会计的原则也都适用于财务会计。（　）

（四）单项选择题

1. 税务会计提供的信息有（　）。

A. 资产负债表　　B. 企业所得税年度纳税申报表

C. 所有者权益变动表　　D. 利润表

2. 税务会计区别于其他专业会计的主要标志是（　）。

A. 专业性　　B. 融合性　　C. 两重性　　D. 法律性

3. 在以下说法中，正确的是（　）。

A. 税务会计是采用收付实现制的会计原则

B. 税务会计核算的对象是全部经济业务

C. 税务会计与财务会计的核算依据相同

D. 所得税递延的前提是持续经营

4. 在以下税务会计凭证中，属于应征凭证的有（　）。

A. 纳税申报表　　B. 税收完税证

C. 预算收入日报表　　D. 税收通用缴款书

5.（　）是税务机关基层征收单位从自收现金税款中退还纳税人多缴税款时使用的一种专用退款凭证。

A. 收入退还证　　B. 小额税款退税凭证

C. 税收完税证　　D. 更正通知书

6. 以下不属于纳税权利的是（　）。

A. 向税务机关了解国家税收法律、行政法规的规定

B. 纳税人对税务机关做出的具体行政行为申请行政复议

C. 纳税人要求扣缴义务人开具代扣代收税款凭证

D. 代扣代缴税款义务人依照法律、行政法规的规定履行代扣代收税款

7. 税务机关应当为纳税人、扣缴义务人的（　）保密。

A. 骗税行为　　B. 个人隐私　　C. 欠税情况　　D. 税收违法事实

8. 纳税人有（　）的行为，由税务机关责令限期改正，可以处2 000元以上10 000元以下的罚款；情节严重的，处10 000元以上50 000元以下的罚款。

A. 转借、涂改、损毁、买卖、伪造税务登记证件

B. 未按照规定设置、保管账簿或者保管记账凭证和有关资料

C. 未按照规定将其全部银行账号向税务机关报告

D. 纳税人、扣缴义务人编造虚假计税依据

9. 以假报出口或者其他欺骗手段骗取国家出口退税款，数额较大的，处五年以下有期徒刑或者拘役，并处骗取税款（　）罚金。

A. 1倍以上5倍以下　　B. 1倍以上3倍以下

C. 1倍以上10倍以下　　D. 1倍以上2倍以下

10. 逃避追缴欠税罪将处（ ）有期徒刑或者拘役，并处罚金；数额巨大并且占应纳税额（ ）以上的，处（ ）有期徒刑，并处罚金。

A. 5年以下，30%，5年以上10年以下

B. 5年以下，50%，5年以上10年以下

C. 3年以下，10%，3年以上7年以下

D. 3年以下，30%，3年以上7年以下

（五）多项选择题

1. 税务会计具有的两重性特点是指（ ）。

A. 保证国家及时、足额地取得税收收入

B. 融税收法规和会计制度于一体

C. 维护纳税人的合法权益

D. 会计原则采用联合制，即权责发生制和收付实现制同时运用

2. 税务会计信息的使用者包括（ ）。

A. 企业经营者　　B. 企业投资人

C. 企业债权人　　D. 税务机关

3. 在以下说法中，正确的是（ ）。

A. 会计主体不一定是纳税主体，但纳税主体一定是会计主体

B. 货币时间价值是指货币在其运行过程中具有的增值能力

C. 纳税年度就是会计年度

D. 如果纳税人在一个纳税年度的中间开业，其在该纳税年度的实际经营期不足12个月，则应当以其实际经营期限为一个纳税年度

4. 税务会计的基本原则是（ ）。

A. 配比原则　　B. 划分营业收益和资本收益的原则

C. 权责发生制原则　　D. 税款支付能力原则

5. 以下属于营业收益的有（ ）。

A. 企业销售产品取得的收入

B. 企业出售厂房取得的收入

C. 企业进行长期股权投资取得的收益

D. 企业销售原材料取得的收入

6. 通过“应交税费”科目核算的税种有（ ）。

A. 增值税　　B. 印花税　　C. 教育费附加　　D. 关税

7. 核算由账面价值与计税基础不同而产生的暂时性差异的会计科目有（ ）。

A. 税金及附加　　B. 应交税费

C. 递延所得税资产　　D. 递延所得税负债

8. 根据《中华人民共和国税收征收管理法》（以下简称《税收征管法》）的规定，应当办理纳税申报的人有（ ）。

A. 享受减税、免税待遇的纳税人　　B. 扣缴义务人
C. 负有纳税义务的单位和个人　　D. 在纳税期内没有应纳税款的个人

(六) 简答题

1. 简述税务会计与财务会计的关系。
2. 简述税务会计的目标。
3. 谈谈你对纳税人权利和义务的认识以及如何才能保障纳税人的权益。

(七) 综合题

1. 红星公司3月4日成立。3月10日，该公司向税务机关办理了税务登记。当年5月15日，税务机关发来一份税务处理通知书，称该公司未按规定期限办理纳税申报（每月1—10日为申报期限）并处罚款。公司的王经理对此很不理解，向税务机关辩称，本公司自成立以来，未做成一笔业务，没有收入，难道还要向税务机关办理纳税申报吗？

请问：该公司的做法是否正确？如果不正确，错在哪里？应如何处理？

2. 某外贸进出口公司对其法定的经营商品采取伪造假购货发票、假出口报关单、假外汇结汇单、假完税凭证等手段，两次骗取出口退税款合计1.2万元。上述行为被税务机关在税务检查中查出。

试分析该企业的行为是否构成犯罪。税务机关应如何进行处理？

3. 某县的税务机关稽查人员在对辖区内的某饭店进行日常纳税检查时发现，该饭店于当年7月29日由原经营所在地赤城西路18号搬迁到赤城西路28号。该饭店的财务人员为了避免去税务机关办理变更税务登记，擅自将税务登记证件中的地址18号改为28号。与此同时，稽查人员还发现，该饭店搬迁时损坏了税控装置，部门账簿的账页也丢失了。7月份，该饭店忙于装修和搬迁，因此停止营业一个月，从而没有应纳税款，也未进行纳税申报。该饭店并未将以上情况报告税务机关。

请分析，根据《税收征管法》的规定，税务机关应对该饭店做出怎样的处理决定？

4. A企业2019年度的账面利润在弥补以前年度亏损后，余额是232 846.40元，已自行申报缴纳企业所得税58 211.6元。2020年6月底，该市的税务机关对该企业上年度的企业所得税进行检查，发现A企业有25 000元的利息费用本应在2018年提取，但为了实现2018年的业绩目标，将其推迟到2019年补提。因此，该税务机关认定该企业偷税，责令其补缴税款6 250元，按每日0.05%加收滞纳金，并处以少缴税款2倍的罚款。

请问：税务机关对A企业的法律责任认定是否恰当？处罚是否合适？说明理由。

答案解析

(一) 术语解释

答案略

(二) 填空题

1. 税收法令　会计核算
2. 法律性　专业性　融合性　两重性

3. 纳税主体 持续经营 货币时间价值 纳税年度

4. 欠缴税款50%以上5倍以下

（三）判断题

1. × 【解析】税务会计作为一项实质性工作并不是独立存在的，而是企业会计的一个特殊领域，税务会计的资料大多来源于财务会计，税务会计以财务会计为基础。

2. √ 【解析】税务会计的目标是向税务会计信息使用者提供关于纳税人税款形成、计算、申报、缴纳等税务活动方面的会计信息，以利于信息使用者的决策。税务会计信息使用者主要有各级税务机关和企业的利益相关者。企业的利益相关者包括经营者、投资人、债权人等。

3. × 【解析】各级税务机关可以凭借税务会计信息，进行税款征收、检查和监督。

4. × 【解析】纳税年度是指纳税人按照税法规定应向国家缴纳各种税款的起止时间。我国税法规定，应纳税年度自公历1月1日起至12月31日止。如果纳税人在一个纳税年度的中间开业，或者由于改组、合并、破产、关闭等原因，使该纳税年度的实际经营期不足12个月的，应当以其实际经营期限为一个纳税年度。纳税人清算时，应当以清算期间作为一个纳税年度。

5. × 【解析】由于税务会计与财务会计密切相关，因此《企业会计准则》中规定的会计信息质量特征原则以及会计要素的确认与计量原则，基本上也适用于税务会计。但是，因税务会计与税法的特定联系，税法中的实际支付能力原则、公平税负原则、程序优先于实体原则等，将会非常明显地影响税务会计。因此，税务会计的原则不一定适用于财务会计。

（四）单项选择题

1. B 【解析】税务会计主要编制纳税申报表及应缴增值税明细表，提供有关纳税的资料。

2. D

3. D 【解析】税务会计采用联合制的会计原则；税务会计核算的对象是企业生产经营活动中的涉税部分；财务会计的核算依据是会计法规制度，税务会计的核算依据不仅包括会计法规制度，更重要的是税收法律法规。

4. A 【解析】税收通用缴款书、税收完税证属于征缴凭证；预算收入日报表属于入库凭证。

5. B

6. D 【解析】D选项属于纳税人的义务。

7. B

8. A 【解析】B选项的行为可以处2 000元以下的罚款；情节严重的，可以处2 000元以上10 000元以下的罚款。纳税人、扣缴义务人编造虚假计税依据的，由税务机关责令限期改正，并处5万元以下的罚款。

9. A

10. D 【解析】《中华人民共和国刑法》（以下简称《刑法》）第二百零三条规定，纳税人逃避追缴欠税数额在1万元以上不满10万元的，处3年以下有期徒刑或者拘役，并处或者单处欠缴税款1倍以上5倍以下罚金；数额在10万元以上的，处3年以上7年以下有期徒刑，并处欠缴税款1倍以上5倍以下罚金。

（五）多项选择题

1. AC

2. ABCD

3. BD 【解析】会计主体不一定是纳税主体，如合伙企业；纳税主体也不一定是会计主体，如个人；纳税年度是指纳税人按照税法规定向国家缴纳各种税款的起止时间。

4. ABD 【解析】权责发生制与收付实现制相结合的原则是税务会计的基本原则。

5. AD 【解析】营业收益包括主营业务收入和其他业务收入，B、C选项属于资本收益。

6. ABCD

7. CD 【解析】递延所得税资产核算可抵扣暂时性差异，递延所得税负债核算应纳税暂时性差异。

8. ABCD

（六）简答题

1.【解析】

税务会计与财务会计既有联系也有区别。

两者的联系主要体现为税务会计与财务会计在会计主体、计量尺度等方面相同，并且税务会计是以财务会计为基础。税务会计所需要的资料大部分来源于财务会计，它对财务会计处理中与现行税法不相符的会计事项，或出于税收筹划目的需要调整的事项，按税务会计方法计算、调整，并做调整分录，再融于财务会计账簿或财务会计报告之中。

税务会计与财务会计的区别主要有四点：

首先，会计目标不同。财务会计主要是向管理者、投资者和债权人提供有关企业财务状况、经营成果以及现金流动状况等方面的信息，以供其衡量、预测、评价企业的偿债能力、营运能力和获利能力，并制定相应的政策，做出投资和信贷决策；税务会计主要是向税务部门及企业决策者提供有关企业应纳税款等税务方面的信息，供税务部门审核、检查企业的计税情况，或者供决策者掌握企业的税负情况。

其次，核算依据不同。财务会计的核算依据是各种会计法规制度；税务会计的核算依据包括会计法规制度和税收法律法规两方面。当会计法规制度与税收法律法规不一致时，税务会计将以税收法律法规为依据对财务会计的核算结果进行调整。

再次，提供的信息不同。财务会计提供能够反映企业财务状况、经营成果和现金流量的资产负债表、利润表和现金流量表；税务会计提供有关纳税的资料，主要是编制纳税申报表及应缴税款明细表，列明应交税款、未交税款、减免税款和应退税款等内容。

最后，运用的会计原则不同。财务会计一般采用权责发生制处理会计事项，而税务会计采用权责发生制和收付实现制相结合的联合制处理会计事项。

2.【解析】

税务会计的目标是向税务会计信息使用者提供关于纳税人税款形成、计算、申报、缴纳等税务活动方面的会计信息，以利于信息使用者的决策。

具体说来，税务会计的目标包括三个方面的内容：

(1) 依法履行纳税义务，保证国家财政收入。税务会计要以国家的现行税收法律法规

为依据，以财务会计有关资料为基础，正确进行与税款形成、计算、申报、缴纳有关的会计处理和调整，正确、及时地填报有关的纳税报表，及时、足额地缴纳各种税款，保证国家财政收入。

（2）正确进行税务处理，维护纳税人的合法权益。税务会计要求纳税人依法按时进行纳税申报和缴纳税款，在特殊情况下，纳税人有权申请延期申报或延期缴纳税款。纳税人在处理各种税务问题时，要充分行使自己的权利，以维护自己的合法权益。

（3）合理选择纳税方案，科学进行税收筹划。税务会计涉及与纳税人纳税有关的领域，在这个领域，要服从和服务于纳税人经营管理的总目标，即合法地减轻纳税人税负、提高企业经济效益。因此，进行税收筹划，选择税负较轻的方案，也是税务会计的目标之一。

3.【解析】

纳税人拥有12项权利，具体包括知情权、保密权、纳税申报方式选择权、依法享受税收优惠权、申请延期申报和延期缴纳税款的权利、申请退还多缴税款权、委托税务代理权、陈述与申辩权、拒绝检查权、税收法律救济权与依法要求听证权、索取税收凭证权、税收监督权。

与此同时，纳税人应承担10项义务，具体包括依法进行税务登记的义务，依法设置账簿、保管账簿和有关资料以及依法开具、使用、取得和保管发票的义务，备案的义务，按照规定安装、使用税控装置的义务，按期如实申报的义务，按期缴纳税款的义务，代扣代缴税款的义务，依法接受检查的义务，及时提供信息的义务以及报告其他涉税信息的义务。

其余略。

（七）综合题

1.【解析】

（1）该公司的做法不正确。

（2）不论有无收入，都应按《税收征管法》的规定，按期办理纳税申报。

（3）根据《税收征管法》第六十条的规定，纳税人、扣缴义务人未按规定的期限办理纳税申报和报送纳税资料的，由税务机关责令限期改正，可以处2 000元以下的罚款；情节严重的，可以处2 000元以上10 000元以下的罚款。

2.【解析】

（1）根据《税收征管法》和《刑法》的规定，纳税人骗取出口退税款在1万元以上的，构成犯罪。该公司采取伪造假购货发票、假出口报关单、假外汇结汇单、假完税凭证等手段，两次骗取出口退税款合计1.2万元，已构成犯罪，犯骗取出口退税罪。

（2）根据《税收征管法》和《刑法》的规定，犯骗取出口退税罪的，依法追究其刑事责任。除由税务机关追缴其骗取的1.2万元税款外，对单位处骗取税款1倍以上5倍以下的罚金，对负有责任的主管人员和其他直接责任人员，处5年以下有期徒刑或拘役。

3.【解析】

（1）根据《税收征管法》第六十条的规定，纳税人未按照规定的期限申报办理税务登记、变更或者注销登记的，或者未按照规定设置、保管账簿或保管记账凭证和有关资料的，或者未按照规定安装、使用税控装置，或者损毁或擅自改动税控装置的，应由税务机关责令限期改正，可以处2 000元以下的罚款；情节严重的，处2 000元以上10 000元以下的罚款。

纳税人不办理税务登记的，由税务机关责令限期改正；逾期不改正的，经税务机关提请，由工商行政管理机关吊销其营业执照。

纳税人未按照规定使用税务登记证件，或者转借、涂改、损毁、买卖、伪造税务登记证件的，处2 000元以上10 000元以下的罚款；情节严重的，处10 000元以上50 000元以下的罚款。

(2) 根据《税收征管法》第六十二条的规定，纳税人未按照规定的期限办理纳税申报和报送纳税资料的，或者扣缴义务人未按照规定的期限向税务机关报送代扣代缴、代收代缴税款报告表和有关资料的，由税务机关责令限期改正，可以处2 000元以下的罚款；情节严重的，可以处2 000元以上10 000元以下的罚款。

4.【解析】

(1) 税务机关对A企业的法律责任认定恰当。

根据《税收征管法》第六十三条对偷税概念的界定：纳税人伪造、变造、隐匿、擅自销毁账簿、记账凭证，或者在账簿上多列支出或者不列、少列收入，或者经税务机关通知申报而拒不申报或进行虚假的纳税申报，不缴或者少缴应纳税款的，是偷税。在本案例中，A企业在2019年多提了25 000元的利息费用，使支出多列，从而少缴了应纳税款。A企业的行为符合偷税的定义，因此应认定为偷税。

(2) 税务机关的处罚决定合适。

根据《税收征管法》第六十三条的规定，对纳税人偷税的，由税务机关追缴其不缴或者少缴的税款、滞纳金，并处不缴或者少缴的税款50%以上5倍以下的罚款；构成犯罪的，依法追究刑事责任。本案例中的税务机关对A企业处以少缴税款2倍的罚款，属于罚款的弹性范围内。

《刑法》第二百零一条规定：纳税人采取欺骗、隐瞒手段进行虚假纳税申报或者不申报，逃避缴纳税款数额较大并且占应纳税额10%以上的，处3年以下有期徒刑或者拘役，并处罚金；数额巨大并且占应纳税额30%以上的，处3年以上7年以下有期徒刑，并处罚金。在本案例中，A企业偷税的总额为6 250元，占应纳税额的比例为 $9.7\%\left(=\frac{6\,250}{58\,211.6+6\,250}\times100\%\right)$，未达到10%，因此并未构成犯罪。

第2章 增值税的会计核算

一、学习目的与要求

增值税是现行税制结构体系中的主体税种，其会计核算较为复杂。由于增值税是价外税，其会计核算具有独特性。通过对本章理论知识和案例的学习，首先，学生应理解与掌握增值税各明细科目的使用方法，并重点掌握增值税进项税额、销项税额的计算与会计核算；其次，学生需要掌握出口退税、减免税的有关会计核算及申报表的填制。

二、重点与难点

（一）增值税的纳税义务人、征税对象与征税范围

1. 纳税义务人。

在境内发生应税交易且销售额达到增值税起征点的单位和个人，以及进口货物的收货人，为增值税的纳税人。

（1）单位。单位是指企业、行政单位、军事单位、社会组织及其他单位。

（2）个人。个人是指个体工商户和自然人。

（3）扣缴义务人。中华人民共和国境外（以下简称“境外”）单位和个人在境内发生

应税交易，以购买方为扣缴义务人。

2. 增值税的征税对象是在中华人民共和国境内销售和进口货物、服务、无形资产、不动产和金融商品的增值额。其中，“货物”是指有形动产，包括电力、热力和气体。“销售货物”是指有偿转让货物所有权的行为，即以从受让方取得货币、货物或其他经济利益等代价为条件的转让货物。“销售服务”是指提供交通运输服务、邮政服务、电信服务、建筑服务、金融服务、现代服务、生活服务。“销售无形资产”是指转让无形资产所有权或者使用权的业务活动。无形资产是指不具实物形态，但能带来经济利益的资产，包括技术、商标、著作权、商誉、自然资源使用权和其他权益性无形资产。销售不动产是指转让不动产所有权的业务活动。“不动产”是指不能移动或者移动后会引起性质、形状改变的财产，包括建筑物、构筑物等。其中，“在中华人民共和国境内”（以下简称“境内”）销售货物是指所销售货物的起运地或所在地在中国境内。在境内销售应税劳务是指所销售的劳务发生在境内。在境内销售服务、无形资产或者不动产是指服务（租赁不动产除外）或者无形资产（自然资源使用权除外）的销售方或者购买方在境内；所销售或者租赁的不动产在境内；所销售自然资源使用权的自然资源在境内；财政部和国家税务总局规定的其他情形。

3. 征税范围。

（1）销售货物、服务、无形资产、不动产和金融商品。

（2）进口货物。

（3）视同应税交易。单位或个体工商户的下列行为，视同销售货物或视同销售服务、无形资产或者不动产：

1）单位和个体工商户将自产或者委托加工的货物用于集体福利或者个人消费。

2）单位和个体工商户无偿赠送货物，但用于公益事业的除外。

3）单位和个人无偿赠送无形资产、不动产或者金融商品，但用于公益事业的除外。

4）国务院财政、税务主管部门规定的其他情形。

（4）混合交易。如果一项应税交易涉及两个以上不同税率或征收率的，为混合销售交易。纳税人发生混合交易行为，从主适用税率或征收率。从事货物的生产、批发或者零售的单位和个体工商户的混合销售交易行为，按照销售货物缴纳增值税；其他单位和个体工商户的混合销售交易行为，按照销售服务缴纳增值税。

（5）兼营。纳税人兼营销售货物、服务、无形资产、不动产和金融商品，适用不同税率或者征收率的，应当分别核算适用不同税率或者征收率的销售额；未分别核算销售额的，从高适用税率。

（二）增值税应纳税额的计算

1. 一般计税方法纳税人应纳税额的计算。

（1）销项税额的计算：

销项税额＝销售额×适用税率

销售额是指纳税人发生应税交易取得的与之相关的对价，包括全部货币或者非货币形式的经济利益，不包括按照一般计税方法计算的销项税额。国务院规定可以差额计算销售额的，从其规定。其中，销售额为纳税人发生应税交易收取的全部价款和价外费用，但不包括收取的销项税额。

价外费用是指价外向购买方收取的手续费、补贴、基金、集资费、返还利润、奖励费、违约金、滞纳金、延期付款利息、赔偿金、包装费、包装物租金、储备费、优质费、运输装卸费、代收款项、代垫款项以及其他各种性质的价外收费。

对视同销售征税而无销售额的，按下列顺序确定其销售额：

1）按纳税人最近时期发生同类交易的平均价格确定。

2）按其他纳税人最近时期发生同类交易的平均价格确定。

3）按组成计税价格确定。组成计税价格的公式为：

$$组成计税价格=成本\times(1+成本利润率)$$

征收增值税的货物，同时又征收消费税的，其组成计税价格中应加计消费税税额。相应的组成计税价格公式为：

$$组成计税价格=成本\times(1+成本利润率)+消费税税额$$

或

$$组成计税价格=成本\times\frac{1+成本利润率}{1-消费税比例税率}$$

或

$$组成计税价格=\frac{成本\times(1+成本利润率)+征税数量\times消费税定额税率}{1-消费税比例税率}$$

（2）进项税额的计算。纳税人购进的与应税交易相关的货物、服务、无形资产、不动产和金融商品支付或者负担的增值税税额。

$$应纳税额=销项税额-进项税额$$

2. 简易计税方法纳税人应纳税额的计算。简易计税方法按照应税交易销售额（以下简称“销售额”）和征收率计算应纳税额，不得抵扣进项税额。相应的计算公式为：

$$应纳税额=不含税销售额\times征收率$$

简易计税方法纳税人的销售额为纳税人发生应税交易收取的全部价款和价外费用，不包括按3%的征收率收取的增值税税额。

（三）增值税的会计处理

首先，学生需要熟悉增值税会计科目的设置。其次，学生要掌握各类业务的增值税核算方法，并在此基础上编制增值税会计分录。最后，学生要了解增值税纳税申报表的填制方法。

（四）进项税额转出的会计核算

购进货物、服务、无形资产和不动产改变用途是指将购进的本来用于应税项目的货物、服务、无形资产和不动产转用于简易计税方法计税项目、免征增值税项目、集体福利或者个人消费，其购进时已得到抵扣的进项税额要做转出处理。纳税人应按购进的成本与转出的进项税额之和借记“在建工程”“应付职工薪酬”等科目，按其成本贷记“原材料”“库存商品”等科目，按转出的进项税额贷记“应交税费——应交增值税（进项税额转出）”科目。如果是采用计划成本法核算原材料成本的工业企业和采用售价核算制的商品流通企业，在转出“原材料”“库存商品”科目的同时，还要结转“材料成本差异”及“商品进销差价”科目。

这里需要注意的是：

第一，如果购进货物、服务、无形资产和不动产用于对外投资、无偿赠送其他单位或个人（用于公益事业除外）以及分配利润，购进服务无偿提供给其他单位或个人，购进无形资产或者不动产无偿转让给其他单位或个人，要视同销售处理，按其对外售价计算销项税额，其进项税额可以进行抵扣。

第二，直接用于简易计税方法计税项目、免征增值税项目、集体福利或者个人消费的购进货物、服务、无形资产和不动产，其进项税额不得从销项税额中抵扣，购进货物时所支付的增值税税款直接计入相关成本之中。其中涉及的固定资产、无形资产、不动产，仅指专用于上述项目的固定资产、无形资产（不包括其他权益性无形资产）、不动产。如果发生兼用于上述不允许抵扣项目情况的，该进项税额准予全部抵扣。

第三，如果购进货物在抵扣进项税额后改变用途，专用于简易计税方法计税项目、免征增值税项目、集体福利或者个人消费的，需要做进项税额转出处理。

第四，非正常损失对应的进项税额不得从销项税额中抵扣。具体包括：①非正常损失的购进货物，以及相关劳务和交通运输服务。②非正常损失的在产品、产成品所耗用的购进货物（不包括固定资产）、劳务和交通运输服务。③非正常损失的不动产，以及该不动产所耗用的购进货物、设计服务和建筑服务。④非正常损失的不动产在建工程所耗用的购进货物、设计服务和建筑服务。纳税人新建、改建、扩建、修缮、装饰不动产，均属于不动产在建工程。

第五，购进的贷款服务、餐饮服务、居民日常服务和娱乐服务，其进项税额不得抵扣。

第六，纳税人接受贷款服务时向贷款方支付的与该笔贷款直接相关的投融资顾问费、手续费、咨询费等费用，其进项税额不得抵扣。

第七，在进行进项税额转出时，其负担的运费所计提的进项税额也应一并转出；不动产在建工程发生非正常损失的，其所耗用的购进货物、设计服务和建筑服务已抵扣的进项税额应于当期全部转出，其待抵扣进项税额不得抵扣。

（五）出口退税的会计核算

对于不具有生产能力的出口企业（以下简称“外贸企业”）或其他单位出口货物、服务，免征增值税，相应的进项税额予以退还。

外贸企业出口货物、服务的增值税退（免）税，按下列公式计算。

（1）外贸企业出口委托加工、修理修配货物以外的货物：

增值税应退税额＝增值税退（免）税计税依据×出口货物退税率

（2）外贸企业出口委托加工、修理修配货物：

$$\text{增值税应退税额}=\text{委托加工、修理修配的增值税退(免)税计税依据}\times\text{出口货物退税率}$$

（3）退税率低于适用税率的，相应计算出的差额部分的税款计入出口货物、服务的成本。

对于外贸企业收购出口的货物，在购进时，应按照增值税专用发票上注明的增值税税额，借记“应交税费——应交增值税（进项税额）”科目，按照增值税专用发票上记载的应记入采购成本的金额，借记“材料采购”“在途物资”等科目，按照应付或者实际支付的金额，贷记“应付账款”“银行存款”等科目。货物出口销售后，在结转商品销售成本时，借记“主营业务成本”科目，贷记“库存商品”科目；按照出口货物购进时取得的增值税专用发票上记载的进项税额或应分摊的进项税额，与按照国家规定的退税率计算的应退税额的差额，借记“主营业务成本”科目，贷记“应交税费——应交增值税（进项税额转出）”科目。

外贸企业在按照规定的退税率计算应收的出口退税时，借记“其他应收款”科目，贷记“应交税费——应交增值税（出口退税）”科目；在收到出口退税款时，借记“银行存款”科目，贷记“其他应收款”科目。

（六）购进服务的进项税额的会计核算

一般计税方法纳税人购进的与应税交易相关的货物、服务、无形资产、不动产和金融商品，按应计入相关成本、费用或资产的金额，借记“在途物资”或“原材料”、“库存商品”、“生产成本”、“无形资产”、“固定资产”、“管理费用”等科目；按当月可抵扣增值税税额，借记“应交税费——应交增值税（进项税额）”科目；按应付或实际支付的金额，贷记“应付账款”“应付票据”“银行存款”等科目。

三、关键术语

销项税额：增值税纳税人销售货物、服务、无形资产、不动产和金融商品，按照销售额和适用税率计算并向购买方收取的增值税税额，为销项税额。销项税额的计算公式为：

当期销项税额=当期销售额×适用税率

进项税额：进项税额是指纳税人购进货物、服务、无形资产、不动产和金融商品所支付或者承担的增值税税额。

进项税额转出：企业购进的货物发生非正常损失（非经营性损失）以及将购进货物改变用途（如用于集体福利或个人消费等），其抵扣的进项税额应通过“应交税费——应交增值税（进项税额转出）”科目转入有关科目，不予以抵扣。

减免税款：减免税款是指依据税收法律法规以及国家有关税收规定给予纳税人减税、免税。对于直接减免的增值税，借记“应交税费——应交增值税（减免税款）”科目，贷记“营业外收入”科目。

出口抵减内销产品应纳税额：出口抵减内销产品应纳税额是指生产企业出口自产货物所耗用的原材料、零部件、燃料、动力等所含应予退还的进项税额，抵顶内销货物的应纳税额。企业应在“应交税费——应交增值税”科目下增设“出口抵减内销产品应纳税额”专栏，记录企业按照规定的退税率计算的出口货物的进项税额抵减内销产品的应纳税额。企业按照规定的退税率计算的出口货物的进项税额抵减内销产品的应纳税额，借记“应交税费——应交增值税（出口抵减内销产品应纳税额）”科目，贷记“应交税费——应交增值税（出口退税）”科目。对确因出口比重过大，在规定期限内不足抵减的，不足部分可按有关规定给予退税，企业在实际收到退税款时，借记“银行存款”科目，贷记“应交税费——应交增值税（出口退税）”科目。

出口退税：出口货物退税（以下简称“出口退税”）的基本含义是指对出口货物退还其在国内生产和流通环节实际缴纳的增值税和特别消费税。出口货物退税制度是一个国家税收的重要组成部分。出口退税主要是通过退还出口货物的国内已纳税款来平衡国内产品的税收负担，使本国产品以不含税成本进入国际市场，与国外产品在同等条件下进行竞争，从而增强竞争能力，扩大出口创汇。

视同应税交易：视同应税交易是指在会计上不作为销售核算，而在税收上作为销售，确认收入、计缴税金的商品、服务、无形资产、不动产的转移行为。单位或个体工商户的下列行为，视同应税交易：

（1）将自产、委托加工的货物用于集体福利或个人消费。

（2）将自产、委托加工或购进的货物无偿赠送其他单位或者个人。

（3）单位或者个人向其他单位或者个人无偿转让无形资产或者不动产，但用于公益事业或者以社会公众为对象的除外。

（4）财政部和国家税务总局规定的其他情形。

在会计处理上，具体解释如下：

（1）将自产、委托加工的物资用于集体福利或个人消费。其会计分录为：

借：应付职工薪酬

　　贷：主营业务收入

　　　　应交税费——应交增值税（销项税额）

（2）将自产、委托加工或购进的货物无偿赠送给其他单位或者个人。其会计分录为：

借：营业外支出

　　贷：库存商品（成本）

　　　　应交税费——应交增值税（销项税额）（公允价值×增值税税率）

四、习题与答案

(一) 术语解释

1. 价外费用
2. 混合交易
3. 兼营
4. 免、抵、退税

(二) 填空题

1. 一般计税方法纳税人应在“应交税费”科目下设置____和____两个明细科目。

2.“减免税款”专栏，反映企业按规定减免的增值税税款。企业按规定直接减免的增值税税额借记本科目，贷记____科目。

3.“出口抵减内销产品应纳税额”科目，反映出口企业销售出口货物后，向税务机关办理免、抵、退税申报，按规定计算的应免、抵税额，借记本科目，贷记____科目。

4. 一般计税方法纳税人购入的应税货物发生非正常损失，在查明原因之前，按照该货物的实际成本与转出的进项税额之和借记____科目，按照货物的成本贷记____、____等科目，按照其负担的进项税额贷记____科目。

5. 按现行会计制度规定，出售固定资产，应通过____科目，发生的净损益记入____科目。

(三) 判断题

1. 一般计税方法纳税人将外购货物用于对外投资，其进项税额不得进行抵扣。( )
2. 未逾期的白酒包装物押金，不计算增值税。( )

(四) 选择题（含单选、多选）

1. 在下列行为中，应视同销售货物的有（ ）。

A. 将购进货物无偿赠送他人　　B. 将购进货物用于分配股利

C. 将购进货物用于职工福利　　D. 将购进货物用于在建工程

2. 现行增值税税率和征收率包括（ ）。

A. 13%　　B. 9%　　C. 3%　　D. 6%

3. 征收增值税同时又征收消费税的货物，其组成计税价格计算公式为（ ）。

A. 组成计税价格＝成本＋利润

B. 组成计税价格＝成本＋利润＋消费税

C. 组成计税价格＝成本＋利润＋增值税

D. 组成计税价格＝成本×$\frac{1+\text{成本利润率}}{1-\text{消费税比例税率}}$

4. 在下列关于纳税义务发生时间的表述中，正确的有（ ）。

A. 采用赊销或分期收款方式销售货物的，其纳税义务发生时间为收到货款的当天

B. 采用赊销或分期收款方式销售货物的，其纳税义务发生时间为货物发出的当天

C. 采用赊销或分期收款方式销售货物的，其纳税义务发生时间为合同规定的收款日期的当天

D. 采用赊销或分期收款方式销售货物的，其纳税义务发生时间为全部价款收到的当天

5. 对于实行售价核算制的商品流通企业（一般计税方法纳税人），在下列账务处理中，正确的有（ ）。

A. 借：材料采购
　　　应交税费——应交增值税（进项税额）
　　贷：银行存款

B. 借：库存商品
　　贷：材料采购
　　　　商品进销差价

C. 借：商品进销差价
　　贷：主营业务收入

D. 借：商品进销差价
　　贷：主营业务成本

6. 实行按日预缴增值税的企业，预缴时的会计分录为（ ）。

A. 借：应交税费——应交增值税
　　贷：银行存款

B. 借：应交税费——应交增值税（已交税金）
　　贷：银行存款

C. 借：应交税费——应交增值税（已交税金）
　　贷：应交税费——未交增值税

D. 借：应交税费——未交增值税
　　贷：应交税费——应交增值税（已交税金）

7. 下列项目不允许抵扣进项税额的是（ ）。

A. 一般计税方法纳税人购进的应税服务

B. 专用于免税项目而购进的货物

C. 购进途中发生非正常损失的货物

D. 使用一般计税方法的纳税人销售货物时支付的运杂费

8. 使用一般计税方法的纳税人向购买方收取的（ ），需要计入销售额计算销项税额。

A. 未逾期的白酒包装物押金　　B. 手续费

C. 包装物租金　　D. 销项税额

9. 在下列促销方式中，可按折扣后的销售额作为销项税额计税依据的是（ ）。

A. 还本销售

B. 以旧换新

C. 折扣销售（销售额和折扣额在同一张发票上的“金额”栏注明）

D. 销售折扣

10. 在下列情况中，可按照简易计税方法计算税额的是（ ）。

A. 服装零售企业将衣服出售给消费者

B. 销售使用过的未曾抵扣进项税额的生产设备

C. 企业将货物销售给使用简易计税方法计算增值税税额的企业

D. 药品经营企业销售生物制品

（五）简答题

1. 简述一般计税方法纳税人“应交税费——应交增值税”账户下明细科目的设置内容。
2. 简述包装物押金的计税规定。
3. 简述货物发生非正常损失时其进项税额的处理方法。
4. 简述外贸企业出口货物退税的会计处理。

（六）综合题

1. 梅兰电器公司（一般计税方法纳税人）适用的增值税税率为13%。6月有关涉税事项如下：

（1）梅兰电器公司购进机器设备一台，增值税专用发票上注明的价款为3 500元，税额为455元，款项已支付。

（2）梅兰电器公司因管理不善丢失原材料一批，这批原材料的实际成本为100 000元，增值税税额为13 000元。

（3）梅兰电器公司兴建职工宿舍，领用自产库存商品一批，成本为200 000元，计税基础为350 000元。

（4）梅兰电器公司董事会决定用公司生产的一批商品交换全兴机电的商标权。这部分商品的成本为1 000 000元，公允价值为2 100 000元。根据与全兴机电的协议，梅兰电器公司需要支付补价500 000元，由银行转账支付。

（5）梅兰电器公司在销售商品的过程中，同时出租包装物给龙兴公司，包装物的实际成本为1 000元，收到租金339元，押金1 200元。①

① 章爱成. 浅析新准则和新税法下涉增值税的会计处理. 科技信息，2011（22）.

试根据上述资料，做出相应的会计分录。

2. 红光机床厂（一般计税方法纳税人）按月缴纳增值税，适用的增值税税率为13%。5月发生下列有关经济业务：

（1）6日，向本市第三铸造厂购进铸铁一批，增值税专用发票上注明的价款为180 000元，税额为23 400元，款项已通过银行汇款付讫。

（2）9日，因铸铁质量问题，发生进货退出。根据铸造厂开具的红字增值税专用发票，收到退回价款210 000元，税款27 300元。

（3）11日，按照合同约定，机床厂接受金属工业公司以圆钢作为投资入股，公允价值为360 000元，税额为46 800元。

（4）12日，拨付钢材一批，委托轻工机械厂加工齿轮，已拨付钢材价款168 000元。

（5）22日，收到轻工机械厂开来的增值税专用发票，支付的齿轮加工费为18 000元，税额为2 340元，以银行存款支付。

（6）22日，齿轮加工完毕，该批加工半成品的价款为186 000元，收回入库转账。

（7）23日，购入铸铁一批，价款为380 000元，增值税专用发票上注明的税款为49 400元。

（8）26日，机修车间对外提供加工服务，收取劳务费11 000元（含税）。

（9）29日，销售机床10台，实现销售收入2 760 000元，向对方开出增值税专用发票并收取增值税358 800元，收回货款存入银行存款账户。机床的成本为2 000 000元。根据合同约定，客户在90天内有权退货。企业根据以往经验，估计该批机器设备的退货率为10%。该企业尚无有关该产品退货率的历史数据，也没有其他可以参考的市场信息。

（10）30日，企业发生两笔销售退回，企业开出红字增值税专用发票，并以银行存款支付退还款项。

（11）机床厂为扩大企业规模，根据合同规定，以企业生产的2台机床对建材机械厂进行投资，2台机床的账面原价为234 000元，公允价值（计税价）为260 000元。2台机床已提存货跌价准备11 000元。

试根据上述资料，做出有关增值税的会计处理。①

3. 某工业企业（一般计税方法纳税人）适用的增值税税率为13%。5月的有关销售资料如下：

（1）采用汇兑结算方式向光明厂销售甲产品100件，不含税单价每件600元，成本每件400元。开出转账支票支付代垫运杂费1 000元，货款尚未收到。

（2）对外提供加工服务，开出的增值税专用发票上注明的加工费为5 000元，增值税税额为650元，款项已收到。

（3）销售给大华公司乙产品200件，开具普通发票，发票上注明的金额为226 000元，用转账支票结算，成本每件800元。

（4）向天兴厂销售甲产品150件，不含税单价每件600元，成本每件400元，开具增值税专用发票，已收到购货单位交来承兑期为4个月的银行承兑汇票。

（5）向胜利厂发出甲产品200件，每件不含税单价为600元，成本每件400元，代垫

① 张孝光. 税务会计与税务筹划. 北京：中国人民大学出版社，2010.

运杂费 2 000 元。根据发货票和铁路运单等，已向银行办妥委托收款手续。

（6）1 月 1 日，采用分期收款方式向大阳厂销售丙产品 200 件，每件不含税单价 500 元，产品成本为每件 400 元。按合同规定，货款分两次于 6 月 30 日和 12 月 31 日等额收取。发出商品时开具了增值税专用发票，并于当天收到增值税税额 13 000 元。假定年实际利率为 5%。

（7）销售给大华公司丁产品 100 件，每件不含税售价为 1 000 元，每件成本 700 元。另收取运输费 5 000 元，收到转账支票一张。

（8）向红光厂销售甲产品 500 件，单位销售价格为 600 元，单位成本为 400 元，开出的增值税专用发票上注明的销售价格为 300 000 元，增值税税额为 39 000 元。产品已发出，发出时控制权已转移给红光厂，收到货款并存入银行存款账户。根据合同约定，客户在 90 天内有权退货。公司根据以往经验，估计该批产品的退货率为 10%。

（9）收到红光厂退回甲产品 50 件，已取得税务机关开具的红字增值税专用发票。

（10）销售甲产品给红光厂，全部价款为 339 000 元（含税价），规定商业折扣条件为 5%，规定现金折扣条件为“2/10，n/30”。企业在发票上注明了 5%的折扣额，5 天后收到款项。该批产品的成本为 200 000 元。

（11）以甲产品 100 件（每件成本 400 元，不含税售价 600 元）换取红星厂同等价值的 A 材料 200 件，双方均开具增值税专用发票。

（12）委托光明贸易公司销售甲产品 200 件，不含税代销价 550 元/件，每件成本 400 元。月末收到光明贸易公司送来的代销清单，上列已售甲产品 100 件，并开具增值税专用发票给该企业。代销手续费按不含税代销价的 5%支付，已通过银行收到扣除代销手续费的全部款项。代销手续费的增值税税率为 6%。

（13）将甲产品 100 件（每件成本 400 元，每件不含税对外售价 600 元）用于本企业职工福利。

（14）将丁产品 1 000 件（每件成本 700 元，不含税对外售价 1 000 元）用于分配股利。

（15）将购买的原材料 A 用于对外投资，其实际成本为 150 000 元，投资协议价 200 000 元，并开具增值税专用发票。

（16）将丁产品 100 件（每件成本 700 元，不含税对外售价 1 000 元）无偿送给关系单位。

（17）销售给红光厂带包装物的丙产品 500 件，每件成本 400 元，每件不含税售价 500 元，包装物单独计价，不含税价款为 20 000 元，成本为 15 000 元，并开具增值税专用发票，款项尚未收到。

（18）采用银行汇票结算方式销售给东风厂甲产品 400 件，每件成本 400 元，每件不含税售价 600 元；此外，收到包装物租金 10 000 元，承租期为两个月，一次收取包装物押金 20 000 元。

（19）上月收取的红光厂的包装物押金 30 000 元本月到期，红光厂未返还包装物。

（20）该企业销售自己使用过的一台旧机床，取得收入 22 600 元（固定资产卡片上反映该项固定资产于 2010 年购入，其原价为 100 000 元，已提折旧 80 000 元），款项已收到。

（21）该企业销售甲产品给某简易计税方法纳税人，开具的普通发票上注明的价款为226 000元（已知该批货物的成本为160 000元），款项已收到。

试根据上述资料，做出相应的会计分录。

4. 某百货商店（一般计税方法纳税人）适用的增值税税率为13%，其对库存商品的核算采用售价核算制。5月的有关销售资料如下：

（1）收到各营业柜组交来销货款现金500 000元，货款已由财会部门集中送存银行。

（2）月底计算的本月销售商品应分摊的进销差价为10 000元。

试根据上述资料，做出相应的会计分录。

5. 某工业企业（一般计税方法纳税人）对原材料成本的核算采用实际成本法，适用的增值税税率为13%。5月的有关销售资料如下：

（1）从A厂购入甲材料，取得的增值税专用发票上注明的价款为100 000元，税款为13 000元，款项以银行存款支付，原材料已验收入库。

（2）开出转账支票，预付B厂甲材料款30 000元。

（3）从国外进口一批乙材料，材料已验收入库，材料成本为1 000 000元，应纳关税150 000元，消费税50 000元，款项以银行存款支付。

（4）从C厂购入丙材料，收到的增值税专用发票上注明的价款为200 000元，税款为26 000元，货款已支付，货物尚未收到。

（5）购入的丙材料运到，在验收时发现与合同不符而全部退货，并取得当地主管税务机关开具的证明单送交C厂，代垫退货运杂费800元。

（6）收到C厂开来的红字增值税专用发票及款项。

（7）从D厂购入丁材料，采用验单付款，收到D厂转来的托收承付结算凭证及增值税专用发票，发票上列明数量400公斤，单价每公斤60元，增值税进项税额3 120元。

（8）丁材料运到并验收入库，发现短缺20公斤，其中5公斤为定额内损耗，其余为非定额内损耗，原因待查。

（9）收到电力公司开来的电力增值税专用发票，因该企业生产经营用电和职工生产用电共用一个电表，所以增值税专用发票的增值税税额中有属于职工个人消费的部分。本月电价20 000元，其中生产用电的电价为18 000元，职工生活用电的电价是2 000元。电力公司开来的增值税专用发票中，电价为20 000元，税额为2 600元，价税合计22 600元。该企业对职工个人用电部分在发工资时扣回。

（10）接受S厂以原材料甲进行的投资，开来的增值税专用发票上注明的价款为100 000元，税款为13 000元，直接将货物送到仓库验收入库。

（11）接受W厂投资的丙材料，增值税专用发票上列明的价款为40 000元，税额为5 200元，材料已验收入库。

（12）购入不动产在建工程用材料，取得的增值税专用发票上注明的价款为50 000元，税款为6 500元，款项以银行存款支付。

试根据上述资料，做出相应的会计分录。

6. 大华机械厂（一般计税方法纳税人）委托甲厂将一批A型原材料加工成生产用B型原材料，该企业对原材料成本的核算采用计划成本法，适用的增值税税率为13%。5月的有关资料如下：

(1) 该批A型原材料的领料单上注明的领用数量为100吨，每吨计划成本为1 000元，材料的成本差异率为10%，领料用途为委托加工。

(2) 支付运费，取得运输部门开具的运输业发票上注明的运费金额为1 000元，其中含采用简易计税方法计税的装卸费200元，开出转账支票一张。

(3) 收到甲厂开具的增值税专用发票一张，发票上注明的加工费为5 000元，增值税税额为650元，企业尚未付款。

(4) 收到委托加工材料，入库单上注明该批材料的数量为99吨，每吨计划成本为1 200元。

试根据上述资料，做出相应的会计分录。

7. 某贸易公司（一般计税方法纳税人）对库存商品的核算采用进价核算制，适用的增值税税率为13%。8月的购入情况如下：

(1) 从A厂购进甲商品1 000台，每台单价88元，取得的增值税专用发票上注明的价款为88 000元，税款为11 440元，以转账支票付款。商品已验收入库。

(2) 从某农场收购免税农产品，收购凭证上注明的收购价款为200 000元，以转账支票支付。商品已验收入库。

(3) 将上月收购的农产品100公斤用于职工福利。根据原材料成本账得知，这批农产品的入账成本为每公斤91元。

试根据上述资料，做出相应的会计分录。

8. 某商品零售企业（一般计税方法纳税人）对库存商品的核算采用售价核算制，适用的增值税税率为13%。5月的购进情况如下：

(1) 从A厂购入甲商品150台，每台单价为1 000元，取得的增值税专用发票上注明的价款为150 000元，税款为19 500元。企业开出转账支票支付。

(2) 从A厂购入的甲商品运达本企业，含税售价合计为226 000元，商品已验收入库。

(3) 从外地B厂购入乙商品100箱，取得的增值税专用发票上注明的价款为100 000元，税款为13 000元。每箱含税零售价为1 300元，商品已验收入库。企业采用商业汇票方式结算货款。

(4) 企业在拆包整理商品时，发现上月从C厂购入的丙商品有2台不符规格，经与供货方协商，同意退回商品，每台不含税进价为1 000元，每台含税售价为1 250元。企业到主管税务机关开具进货退出证明单。

(5) 收到C厂开来的红字增值税专用发票及退货款。

试根据上述资料，做出相应的会计分录。

9. 某工业企业（一般计税方法纳税人）对原材料成本的核算采用实际成本法，适用的增值税税率为13%。7月的购销情况如下：

(1) 7月5日，10号凭证记载购进原材料一批，已验收入库，取得增值税专用发票一张，注明的价款为100 000元，税额为13 000元；取得运输部门开具的增值税专用发票一张，注明的运费为6 000元，款项均未支付。

(2) 7月6日，20号凭证记载购进原材料并入库，取得的原始凭证有：

1) 增值税专用发票上注明的价款为129 500元，税额为25 850元。

2）运费专用发票一张，注明运费（不含税）5 000元。

3）银行解款通知单，注明金额160 812元。

4）材料入库单。

(3) 7月9日，40号凭证记载购进原材料一批，取得增值税专用发票一张，注明的价款为150 000元，税款为19 500元。货款已付，材料已验收入库。

(4) 7月15日，80号凭证记载企业销售产品一批，开出增值税专用发票一张，注明的价款为2 000 000元，税额为260 000元。货已发出，款项已收到60%。

(5) 7月20日，95号凭证记载5月收取的出租包装物押金11 300元已到期，对方未退回包装物。

(6) 7月22日，100号凭证记载5月售出的部分产品，由于质量问题，购货单位退货，销货额为50 000元，税额为6 500元，退回产品已验收入库，成本价为40 000元。

后附原始凭证：

1）产品入库单。

2）进货退出证明单、红字增值税专用发票，注明的价款为50 000元，税额为6 500元。

(7) 7月30日，200号凭证记载月末盘库发生原材料盘亏。后附存货盘点表一张，业务内容为盘亏原材料成本20 000元。

(8) 其他资料：7月初，“应交税费——应交增值税”科目还有尚未抵扣完的增值税进项税额5 000元。

试根据上述经济业务，做出相应的会计分录，并计算本月应纳增值税，然后填制下面的增值税纳税申报表。

增值税纳税申报表

（一般计税方法纳税人适用）

根据《中华人民共和国增值税暂行条例》第二十二条和第二十三条的规定制定本表，纳税人不论有无销售额，均应按主管税务机关核定的纳税期限按期填报本表，并于次月1日起10日内，向当地税务机关申报。

税款所属时间：自　年　月　日至　年　月　日

填表日期：　年　月　日　　　　　　　　金额单位：元（列至角分）

<table>
<tr><td colspan="2">纳税人识别号</td><td colspan="3"></td><td>所属行业</td><td colspan="2"></td></tr>
<tr><td colspan="2">纳税人名称（公章）</td><td></td><td>法定代表人姓名</td><td></td><td>注册地址</td><td>营业地址</td><td></td></tr>
<tr><td colspan="2">开户银行及账号</td><td></td><td>企业登记注册类型</td><td></td><td colspan="3">电话号码</td></tr>
<tr><td colspan="2" rowspan="2">项目</td><td rowspan="2">栏次</td><td colspan="2">一般货物及劳务</td><td colspan="3">即征即退货物及劳务</td></tr>
<tr><td>本月数</td><td>本年累计</td><td>本月数</td><td colspan="2">本年累计</td></tr>
<tr><td rowspan="3">销售额</td><td>（一）按适用税率征税货物及劳务销售额</td><td>1</td><td></td><td></td><td></td><td colspan="2"></td></tr>
<tr><td>其中：应税货物销售额</td><td>2</td><td></td><td></td><td></td><td colspan="2"></td></tr>
<tr><td>应税劳务销售额</td><td>3</td><td></td><td></td><td></td><td colspan="2"></td></tr>
</table>

销售额	纳税检查调整的销售额	4				
	（二）按简易征收办法征税货物销售额	5				
	其中：纳税检查调整的销售额	6				
	（三）免、抵、退税办法出口货物销售额	7			—	—
	（四）免税货物及劳务销售额	8			—	—
	其中：免税货物销售额	9			—	—
	免税劳务销售额	10			—	—
税款计算	销项税额	11				
	进项税额	12				
	上期留抵税额	13		—		—
	进项税额转出	14				
	免、抵、退货物应退税额	15			—	—
	按适用税率计算的纳税检查应补缴税额	16			—	—
	应抵扣税额合计	17＝12＋13－14－15＋16		—		—
	实际抵扣税额	18（如17<11，则为17，否则为11）				
	应纳税额	19＝11－18				
	期末留抵税额	20＝17－18		—		—
	按简易征收办法计算的应纳税额	21				
	按简易征收办法计算的纳税检查应补缴税额	22			—	—
	应纳税额减征额	23				
	应纳税额合计	24＝19＋21－23				
税款缴纳	期初未缴税额（多缴为负数）	25				
	实收出口开具专用缴款书退税额	26			—	—
	本期已缴税额	27＝28＋29＋30＋31				
	（1）分次预缴税额	28		—		—
	（2）出口开具专用缴款书预缴税额	29		—	—	—

	项目	栏次				
税款缴纳	(3) 本期缴纳上期应纳税额	30				
	(4) 本期缴纳欠缴税额	31				
	期末未缴税额（多缴为负数）	32＝24＋25＋26－27				
	其中：欠缴税额（≥0）	33＝25＋26－27		—		—
	本期应补（退）税额	34＝24－28－29		—		—
	即征即退实际退税额	35	—	—		
	期初未缴查补税额	36			—	—
	本期入库查补税额	37			—	—
	期末未缴查补税额	38＝16＋22＋36－37			—	—

授权声明

如果你已委托代理人申报，请填写以下资料：为代理一切税务事宜，现授权________（地址）____________为本纳税人的代理申报人，任何与本申报表有关的往来文件，都可寄予此人。

授权人签字：

申报人声明

此纳税申报表是根据《中华人民共和国增值税暂行条例》的规定填报的，我相信它是真实的、可靠的、完整的。

声明人签字：

以下由税务机关填写：

收到日期：　　接收人：　　主管税务机关盖章：

10. 某生产企业（一般计税方法纳税人）生产的产品既有内销又有外销，出口退税适用免、抵、退税方法。该生产企业对原材料成本的核算采用实际成本法，适用的增值税税率为13%。8月有关会计资料如下：

(1) 上月末未抵扣完的进项税额为10 000元。

(2) 本月购进原材料，取得的增值税专用发票上注明的价款为1 000 000元，税款为130 000元，货物已验收入库，货款以银行存款支付。

(3) 本月支付电费，取得的增值税专用发票上注明的价款为10 000元，税款为1 300元，其中职工福利部门占总用电量的1/5，款项以银行存款支付。

(4) 销售货物取得运输部门开具的普通发票，注明的运费金额为30 000元，款项以银行存款支付。

(5) 本月内销产品，开具的增值税专用发票上注明的价款为500 000元，税款为65 000元，款项已收到。该批产品的成本为400 000元。

(6) 外销产品，售价为100 000美元，外汇牌价为1∶6.3，款项已收到。该批货物的成本为500 000元。

(7) 其他有关资料。该生产企业的产品适用13%的增值税税率，退税率为10%。

试根据上述资料，做出相应的会计分录，并填报出口退税申报表及增值税申报表。

生产企业出口货物免、抵、退税申报表

单位：元（列至角分）

企业代码		企业名称		
纳税人识别号		所属期　　年　月		
项目	栏次	当期 (a)	本年累计 (b)	与增值税纳税申报表差额 (c)
当期免、抵、退税出口货物销售额（美元）	1			—
当期免、抵、退税出口货物销售额	2＝3＋4			
其中：单证不齐销售额	3			—
单证齐全销售额	4			—
前期出口货物当期收齐单证销售额	5		—	—
单证齐全出口货物销售额	6＝4＋5			—
不予免、抵、退税出口货物销售额	7			—
出口销售额乘征、退税率之差	8			—
上期结转免、抵、退税不得免征和抵扣税额抵减额	9		—	—
免、抵、退税不得免征和抵扣税额抵减额	10			—
免、抵、退税不得免征和抵扣税额	11（如8>9＋10，则为8－9－10，否则为0）			
结转下期免、抵、退税不得免征和抵扣税额抵减额	12（如9＋10>8，则为9＋10－8，否则为0）		—	—
出口销售额乘退税率	13			—
上期结转免、抵、退税额抵减额	14		—	—
免、抵、退税额抵减额	15			—
免、抵、退税额	16（如13>14＋15，则为13－14－15，否则为0）			—
结转下期免、抵、退税额抵减额	17（如14＋15>13，则为14＋15－13，否则为0）		—	—
增值税纳税申报表期末留抵税额	18		—	—
计算退税的期末留抵税额	19＝18－11c		—	—
当期应退税额	20（如16>19，则为19，否则为16）			—
当期免、抵税额	21＝16－20			—
出口企业		退税部门		
兹声明以上申报无讹并愿意承担一切法律责任。 经办人： 财务负责人（公章）： 企业负责人：　　　　年　　月　　日		经办人： 复核人（章）： 负责人：　　年　月　日		

增值税纳税申报表

（一般计税方法纳税人适用）

根据《中华人民共和国增值税暂行条例》第二十二条和第二十三条的规定制定本表，纳税人不论有无销售额，均应按主管税务机关核定的纳税期限按期填报本表，并于次月1日起10日内，向当地税务机关申报。

税款所属时间：自　年　月　日至　年　月　日

填表日期：　年　月　日　　　　　　　　　　　　金额单位：元（列至角分）

纳税人识别号				所属行业	
纳税人名称（公章）		法定代表人姓名		注册地址		营业地址	
开户银行及账号		企业登记注册类型		电话号码	

	项目	栏次	一般货物及劳务		即征即退货物及劳务	
			本月数	本年累计	本月数	本年累计
销售额	（一）按适用税率征税货物及劳务销售额	1				
	其中：应税货物销售额	2				
	应税劳务销售额	3				
	纳税检查调整的销售额	4				
	（二）按简易征收办法征税货物销售额	5				
	其中：纳税检查调整的销售额	6				
	（三）免、抵、退税办法出口货物销售额	7			—	—
	（四）免税货物及劳务销售额	8			—	—
	其中：免税货物销售额	9			—	—
	免税劳务销售额	10			—	—
税款计算	销项税额	11				
	进项税额	12				
	上期留抵税额	13		—		—
	进项税额转出	14				
	免、抵、退税货物应退税额	15			—	
	按适用税率计算的纳税检查应补缴税额	16			—	—
	应抵扣税额合计	17=12+13-14-15+16		—		—
	实际抵扣税额	18（如17<11，则为17，否则为11）				

税款计算	应纳税额	19＝11－18				
	期末留抵税额	20＝17－18		—		—
	按简易征收办法计算的应纳税额	21				
	按简易征收办法计算的纳税检查应补缴税额	22			—	—
	应纳税额减征额	23				
	应纳税额合计	24＝19＋21－23				
税款缴纳	期初未缴税额（多缴为负数）	25				
	实收出口开具专用缴款书退税额	26			—	—
	本期已缴税额	27＝28＋29＋30＋31				
	（1）分次预缴税额	28		—		—
	（2）出口开具专用缴款书预缴税额	29		—	—	—
	（3）本期缴纳上期应纳税额	30				
	（4）本期缴纳欠缴税额	31				
	期末未缴税额（多缴为负数）	32＝24＋25＋26－27				
	其中：欠缴税额（≥0）	33＝25＋26－27		—		—
	本期应补（退）税额	34＝24－28－29		—		—
	即征即退实际退税额	35	—	—		
	期初未缴查补税额	36			—	—
	本期入库查补税额	37			—	—
	期末未缴查补税额	38＝16＋22＋36－37			—	—

授权声明

如果你已委托代理人申报，请填写以下资料：为代理一切税务事宜，现授权________（地址）________为本纳税人的代理申报人，任何与本申报表有关的往来文件，都可寄予此人。

授权人签字：

申报人声明

此纳税申报表是根据《中华人民共和国增值税暂行条例》的规定填报的，我相信它是真实的、可靠的、完整的。

声明人签字：

以下由税务机关填写：

收到日期：　　　　接收人：　　　　主管税务机关盖章：

答案解析

（一）术语解释

1. 价外费用是指价外向购买方收取的手续费、补贴、基金、集资费、返还利润、奖励费、违约金、滞纳金、延期付款利息、赔偿金、包装费、包装物租金、储备费、优质费、运输装卸费、代收款项、代垫款项以及其他各种性质的价外收费。

2. 混合交易是指，一项应税交易涉及两个以上不同税率或征收率的，为混合交易。纳税人发生混合交易行为，从主适用税率或征收率。

3. 兼营是指纳税人兼营销售货物、服务、无形资产、不动产和金融商品，适用不同税率或者征收率的，应当分别核算适用不同税率或者征收率的销售额；未分别核算的，从高适用税率。

4. 免、抵、退税是生产企业出口货物退税的一种计算方法。免税是指对生产企业出口的自产货物，免征本企业生产销售环节的增值税；抵税是指生产企业出口自产货物所耗用的原材料、零部件、燃料、动力等所含应予退还的进项税额，抵顶内销货物的应纳税额；退税是指生产企业出口的自产货物在当月内应抵顶的进项税额大于应纳税额时，对未抵顶完的部分予以退税。

（二）填空题

1. 应交增值税　未交增值税

2. 营业外收入

3. 应交税费——应交增值税（出口退税）

4. 待处理财产损溢　原材料　库存商品　应交税费——应交增值税（进项税额转出）

5. 固定资产清理　资产处置损益

（三）判断题

1. ×　【解析】一般计税方法纳税人将外购货物用于对外投资，应视同销售计算销项税额，其进项税额可以进行抵扣。

2. ×　【解析】对销售除啤酒、黄酒外的其他酒类产品而收取的包装物押金，无论是否返还以及会计上如何核算，均应并入当期销售额征税。

（四）选择题（含单选、多选）

1. AB　【解析】单位或个体工商户的下列行为，视同销售货物：①将货物交付其他单位或个人代销；②销售代销货物；③设有两个以上机构并实行统一核算的纳税人，将货物从一个机构移送其他机构用于销售，但相关机构设在同一县（市）的除外；④将自产、委托加工或购买的货物作为投资，提供给其他单位或者个体工商户；⑤将自产、委托加工或购买的货物分配给股东或者投资者；⑥将自产、委托加工的货物用于非增值税应税项目；⑦将自产、委托加工或购买的货物无偿赠送其他单位或个人；⑧单位或者个体工商户向其他单位或者个人无偿提供服务，但用于公益事业或者以社会公众为对象的除外；⑨单位或者个人向其他单位或者个人无偿转让无形资产或者不动产，但用于公益事业或者以社会公众为对象的除外；⑩财政部和国家税务总局规定的其他情形。

2. ABCD　【解析】2019 年 5 月 1 日后，增值税的基本税率为 13%，简易计税方法纳税人适用 3%的征收率。在全面“营改增”之后，提供增值电信服务、金融服务、现代服务（租赁服务除外）、生活服务，税率为 6%。转让土地使用权以外的其他无形资产，税率为6%。提供交通运输服务、邮政服务、基础电信服务、建筑服务、不动产租赁服务，销售不动产，转让土地使用权，以及销售一些特定货物的税率为9%。

3. BD 【解析】应纳消费税的货物的组成计税价格包括成本、利润和消费税。

4. C 【解析】采用赊销或分期收款方式销售货物的，其纳税义务发生时间为合同规定的收款日期。

5. ABD 【解析】企业结转商品进销差价时应冲减主营业务成本，而不能冲减主营业务收入。

6. B 【解析】实行按日预缴增值税的企业，预缴时应通过“应交税费——应交增值税（已交税金）”科目核算。

7. BC 【解析】购进货物、服务、无形资产和不动产专用于简易计税方法计税项目、免征增值税项目、集体福利或者个人消费，已抵扣的进项税额应转出，计入所购货物、服务、无形资产和不动产的成本或相应科目之中。

8. ABC 【解析】对销售除啤酒、黄酒外的其他酒类产品而收取的包装物押金，无论是否返还以及会计上如何核算，均应并入当期销售额征税。

9. C 【解析】折扣是在实现销售的同时发生的，因此税法规定：如果销售额和折扣额在同一张发票上的“金额”栏分别注明，可按折扣后的余额作为销售额计算增值税。

10. BD 【解析】一般计税方法纳税人销售自己使用过的属于税法规定不得抵扣且未抵扣进项税额的固定资产（不动产除外），可按简易计税方法计算税额。

（五）简答题

1.【解析】

“应交税费——应交增值税”科目在设置上采用多栏的方式，在借方和贷方各设若干科目加以反映。

（1）“进项税额”科目记录企业购进与应税交易相关的货物、服务、无形资产、不动产和金融商品而支付或者负担的、准予从销项税额中抵扣的增值税税额。企业购进与应税交易相关的货物、服务、无形资产、不动产和金融商品而支付或者负担的进项税额，用蓝字登记；发生销售退回应冲销的进项税额，用红字登记。

（2）“已交税金”科目核算企业当月上交的本月增值税税额。

（3）“减免税款”科目反映企业按规定减免的增值税税额。企业按规定直接减免的增值税税额借记本科目，贷记“营业外收入”科目。除此之外，按税法的有关规定，纳税人初次购买增值税税控系统专用设备支付的费用以及缴纳的技术维护费可在增值税应纳税额中全额抵减，按规定抵减的增值税应纳税额也通过该科目核算。

（4）“出口抵减内销产品应纳税额”科目反映出口企业销售出口货物后，向税务机关办理免、抵、退税申报，按规定计算的应免、抵税额，借记本科目，贷记“应交税费——应交增值税（出口退税）”科目。

（5）“转出未交增值税”科目核算企业月终转出应交未交的增值税。月末企业“应交税费——应交增值税”科目出现贷方余额时，根据余额借记本科目，贷记“应交税费——未交增值税”科目。

（6）“销项税额”科目记录纳税人发生应税交易应收取的增值税税额。纳税人发生应税交易应收取的销项税额，用蓝字登记；发生销售退回应冲销的销项税额，用红字登记。

(7)“出口退税”科目记录纳税人出口产品按规定退回的增值税税额。出口货物退回的增值税税额，用蓝字登记；出口货物办理退税后发生退货或者退关而补交已退的税款，用红字登记。出口企业当期按规定计算的应退税额，借记“其他应收款——应收出口退税款”科目，贷记本科目。

(8)“进项税额转出”科目记录纳税人购进的与应税交易相关的货物、服务、无形资产、不动产和金融商品等发生非正常损失以及其他原因而不应从销项税额中抵扣，按规定转出的进项税额。按税法的规定，对出口货物不得抵扣的进项税额，应在借记“主营业务成本”科目的同时，贷记本科目。

(9)“转出多交增值税”科目记录纳税人月度终了转出当月多交的增值税税额。对于当月多交的增值税税额，借记“应交税费——未交增值税”科目，贷记“应交税费——应交增值税（转出多交增值税）”科目。

2.【解析】

纳税人为销售货物而出租、出借包装物收取的押金，单独记账核算的，时间在 1 年以内，又未过期的，不并入销售额征税；但对因逾期未收回包装物不再退还的押金，应按所包装货物的适用税率计算销项税额。“逾期”是指按合同约定实际逾期或以 1 年为期限，对收取 1 年以上的押金，无论是否退还，均并入销售额征税。在将包装物押金并入销售额征税时，需要先将该押金换算为不含税价，再并入销售额计税。对于个别包装物周转使用期限较长的，报经税务机关确定后，可适当放宽逾期期限。需要注意的是，包装物押金不同于包装物租金，包装物租金在销货时应作为价外费用并入销售额计算销项税额。

从 1995 年 6 月 1 日起，对销售除啤酒、黄酒外的其他酒类产品而收取的包装物押金，无论是否返还以及会计上如何核算，均应并入当期销售额征税。对销售啤酒、黄酒所收取的押金，按上述一般押金的规定处理。

3.【解析】

由于非正常损失的购进货物和非正常损失的在产品、产成品所耗用的购进货物或者应税服务的进项税额，一般都已在以前的纳税期做了抵扣，因而在发生损失后，一般很难核实所损失的货物是在何时购进的。其原始进价和进项税额也无法准确核定。因此，应按货物的实际成本计算不得抵扣的进项税额。损失的在产品、产成品的实际成本中只有所耗用的原材料、应税服务等部分才产生进项税额，其人工部分不产生进项税额，因此在计算在产品、产成品的进项税额转出金额时，要按成本资料计算其所含的原材料和外购服务的成本。另外，由于原材料、应税服务在计提进项税额时，抵扣率可能不同，如交通运输业服务的增值税税率只有 9%，此时需要根据企业的有关资料计算一个平均抵扣率，以便计算转出的进项税额。企业的货物发生非正常损失，在查明原因之前，按照该货物的实际成本与转出的进项税额之和借记“待处理财产损溢”科目，贷记“原材料”“库存商品”“应交税费——应交增值税（进项税额转出）”等科目。

4.【解析】

外贸企业收购出口的货物，在购进时，应按照增值税专用发票上注明的增值税税额，借记“应交税费——应交增值税（进项税额）”科目；按照增值税专用发票上记载的应记入采购成本的金额，借记“材料采购”“在途物资”等科目；按照应付或实际支付的金额，贷记“应付账款”“银行存款”等科目。货物出口销售后，在结转商品销售成本时，借记

“主营业务成本”科目，贷记“库存商品”科目；按照购进出口货物时取得的增值税专用发票上记载的进项税额或应分摊的进项税额，与按照国家规定的退税率计算的应退税额的差额，借记“主营业务成本”科目，贷记“应交税费——应交增值税（进项税额转出）”科目。

外贸企业按照规定的退税率计算应收的出口退税时，借记“其他应收款”科目或“应收补贴款”科目，贷记“应交税费——应交增值税（出口退税）”科目；收到出口退税款时，借记“银行存款”科目，贷记“其他应收款”科目。

（六）综合题

1.【解析】

（1）购进固定资产的进项税额可抵扣。

借：固定资产　　3 500
　　应交税费——应交增值税（进项税额）　　455
　贷：银行存款　　3 955

（2）存货盘亏中的进项税额转出。

借：待处理财产损溢　　113 000
　贷：原材料　　100 000
　　　应交税费——应交增值税（进项税额转出）　　13 000

（3）视同销售。

借：在建工程　　245 500
　贷：库存商品　　200 000
　　　应交税费——应交增值税（销项税额）　　45 500

这是税法上的视同销售。由于职工宿舍的所有权未发生变化，按自产或委托加工货物的成本及其增值税销项税额之和，借记“应付职工薪酬”等科目。

（4）首先判断，因为

$$\frac{500\ 000}{2\ 100\ 000+500\ 000}\times 100\%\approx 19\%$$

而19%≤25%，所以属于非货币性资产交换。

借：无形资产——商标权　　2 873 000
　贷：主营业务收入　　2 100 000
　　　应交税费——应交增值税（销项税额）　　273 000
　　　银行存款　　500 000

借：主营业务成本　　1 000 000
　贷：库存商品　　1 000 000

（5）收取租金和押金时：

借：库存现金　　1 539
　贷：其他业务收入　　300
　　　其他应付款——龙兴公司　　1 200
　　　应交税费——应交增值税（销项税额）　　39

梅兰电器公司在销售商品的同时出租包装物，属于混合交易。假设龙兴公司之后未退回包装物，则梅兰电器公司将没收其押金：

借：其他应付款——龙兴公司　　1 200

　贷：其他业务收入　　1 061.95

　　　应交税费——应交增值税（销项税额）　　138.05

没收其押金，相当于出售，应作为会计上视同销售处理。含税价 1 200 元换算成不含税价为：

$$\frac{1\ 200}{1+13\%}=1\ 061.95(\text{元})$$

2.【解析】

(1) 购进一批铸铁。

借：在途物资——铸铁　　180 000

　　应交税费——应交增值税（进项税额）　　23 400

　贷：银行存款　　203 400

(2) 因铸铁质量问题，发生进货退出。

借：银行存款　　210 000

　贷：在途物资　　182 700

　　　应交税费——应交增值税（进项税额转出）　　27 300

(3) 机床厂接受金属工业公司以圆钢作为投资入股。

借：原材料　　360 000

　　应交税费——应交增值税（进项税额）　　46 800

　贷：实收资本　　406 800

(4) 拨付钢材一批，委托轻工机械厂加工齿轮。

借：委托加工物资　　168 000

　贷：原材料　　168 000

(5) 支付加工费。

借：委托加工物资　　18 000

　　应交税费——应交增值税（进项税额）　　2 340

　贷：银行存款　　20 340

(6) 齿轮加工完成，入库转账。

借：半成品　　186 000

　贷：委托加工物资　　186 000

(7) 购入一批铸铁。

借：在途物资　　380 000

　　应交税费——应交增值税（进项税额）　　49 400

　贷：应付账款　　429 400

(8) 机修车间对外提供加工服务。

$$\frac{11\ 000}{1+13\%}\times 13\%=1\ 265.49(\text{元})$$

借：银行存款　　11 000
　贷：其他业务收入　　9 734.51
　　　应交税费——应交增值税（销项税额）　　1 265.49

（9）销售 10 台机床。

借：银行存款　　3 118 800
　贷：主营业务收入　　2 484 000
　　　预计负债——应付退货款　　276 000
　　　应交税费——应交增值税（销项税额）　　358 800
借：主营业务成本　　1 800 000
　　应收退货成本　　200 000
　贷：库存商品　　2 000 000

（10）企业发生两笔销售退回。

借：库存商品　　400 000
　　应交税费——应交增值税（销项税额）　　71 760
　　预计负债——应付退货款　　276 000
　　主营业务收入　　276 000
　贷：应收退货成本　　400 000
　　　银行存款　　623 760
借：应收退货成本　　200 000
　贷：主营业务成本　　200 000

（11）用企业生产的 2 台机床对建材机械厂进行投资。

借：长期股权投资　　293 800
　贷：主营业务收入　　260 000
　　　应交税费——应交增值税（销项税额）　　33 800
借：主营业务成本　　223 000
　　存货跌价准备　　11 000
　贷：库存商品　　234 000

3.【解析】

（1）采用汇兑结算方式向光明厂销售甲产品 100 件。

借：应收账款——光明厂　　68 800
　贷：主营业务收入　　60 000
　　　应交税费——应交增值税（销项税额）　　7 800
　　　银行存款　　1 000

结转成本时：

借：主营业务成本　　40 000
　贷：库存商品——甲产品　　40 000

（2）对外提供加工服务。

借：银行存款　　5 650
　贷：其他业务收入　　5 000
　　　应交税费——应交增值税（销项税额）　　650

(3) 向大华公司销售乙产品 200 件。

不含税销售额 = 200 000(元)

应纳增值税销项税额 = 200 000×13% = 26 000(元)

借：银行存款　226 000
　贷：主营业务收入　200 000
　　应交税费——应交增值税（销项税额）　26 000

结转成本时：

借：主营业务成本　160 000
　贷：库存商品——乙产品　160 000

(4) 向天兴厂销售甲产品 150 件。

借：应收票据——银行承兑汇票　101 700
　贷：主营业务收入　90 000
　　应交税费——应交增值税（销项税额）　11 700

结转成本时：

借：主营业务成本　60 000
　贷：库存商品——甲产品　60 000

(5) 向胜利厂发出甲产品 200 件。

借：应收账款——胜利厂　137 600
　贷：主营业务收入　120 000
　　应交税费——应交增值税（销项税额）　15 600
　　银行存款　2 000

结转成本时：

借：主营业务成本　80 000
　贷：库存商品——甲产品　80 000

(6) 年实际利率为 5%，则半年的实际利率为 2.5%。发出商品时：

借：长期应收款——大阳厂　100 000
　银行存款　13 000
　贷：主营业务收入　96 371.21
　　应交税费——应交增值税（销项税额）　13 000
　　未实现融资收益　3 628.79（100 000－96 371.21）

结转成本时：

借：主营业务成本　80 000
　贷：库存商品——丙产品　80 000

(7) 发生的运费收入为混合销售行为，应一并按 13%的税率征收增值税。

$$应纳增值税销项税额 = \frac{5\ 000}{1+13\%}\times 13\% = 4\ 424.78\times 13\% = 575.22(元)$$

借：银行存款　118 000
　贷：主营业务收入　100 000
　　　其他业务收入　4 424.78
　　　应交税费——应交增值税（销项税额）　13 575.22

结转销售成本时：

借：主营业务成本　70 000
　贷：库存商品——丁产品　70 000

(8) 在附有销售退回条件的商品销售方式下，如果企业能够按照以往的经验对退货的可能性做出合理的估计，应当在发出商品时，将估计不会发出退货的部分确认收入，估计可能发生退货的部分，不确认收入。

借：银行存款　339 000
　贷：主营业务收入　270 000
　　　预计负债——应付退货款　30 000
　　　应交税费——销项税额　39 000

借：主营业务成本　180 000
　　应收退货成本　20 000
　贷：库存商品　200 000

(9) 收到红光厂退回甲产品 50 件。

借：库存商品　20 000
　　应交税费——应交增值税（销项税额）　3 900
　　预计负债——应付退货款　30 000
　贷：应收退货成本　20 000
　　　银行存款　33 900

(10) 折扣额在同一张发票上注明的，企业可以按折扣以后的价格计算销项税额。

借：应收账款——红光厂　322 050
　贷：主营业务收入　285 000
　　　应交税费——应交增值税（销项税额）　37 050

结转产品销售成本时：

借：主营业务成本　200 000
　贷：库存商品——甲产品　200 000

收到款项时（由于红光厂在 5 天内付款，享受 2%的现金折扣）：

借：银行存款　315 609
　　财务费用　6 441
　贷：应收账款——红光厂　322 050

(11) 以甲产品 100 件换取红星厂同等价值的 A 材料 200 件。

借：原材料——A　60 000
　　应交税费——应交增值税（进项税额）　7 800
　贷：主营业务收入　60 000
　　　应交税费——应交增值税（销项税额）　7 800

结转成本时：

借：主营业务成本　　40 000

　贷：库存商品——甲产品　　40 000

（12）发出代销货物时：

借：发出商品——光明贸易公司　　80 000

　贷：库存商品——甲产品　　80 000

收到代销清单时：

借：应收账款——光明贸易公司　　62 150

　贷：主营业务收入　　55 000

　　应交税费——应交增值税（销项税额）　　7 150

借：主营业务成本　　40 000

　贷：发出商品——光明贸易公司　　40 000

收到款项时：

借：银行存款　　56 320

　销售费用——代销手续费　　5 500

　应交税费——应交增值税（进项税额）　　330

　贷：应收账款——光明贸易公司　　62 150

（13）将自产产品用于职工福利，应视同销售，按其对外不含税售价计算销项税额。

销项税额＝600×100×13%＝7 800(元)

借：应付职工薪酬　　67 800

　主营业务成本　　40 000

　贷：主营业务收入　　60 000

　　应交税费——应交增值税（销项税额）　　7 800

　　库存商品——甲产品　　40 000

（14）将 1 000 件丁产品用于分配股利。

借：应付股利　　1 130 000

　贷：主营业务收入　　1 000 000

　　应交税费——应交增值税（销项税额）　　130 000

结转成本时：

借：主营业务成本　　700 000

　贷：库存商品——丁产品　　700 000

（15）将原材料 A 用于对外投资。

借：长期股权投资　　176 000

　贷：原材料——A　　150 000

　　应交税费——应交增值税（销项税额）　　26 000

（16）将丁产品 100 件无偿送给关系单位。

借：营业外支出　　83 000

　贷：库存商品——丁产品　　70 000

　　应交税费——应交增值税（销项税额）　　13 000

(17) 销售给红光厂带包装物的丙产品500件。

借：应收账款——红光厂 305 100

贷：主营业务收入 250 000

其他业务收入 20 000

应交税费——应交增值税（销项税额） 35 100

结转销售成本时：

借：主营业务成本 200 000

贷：库存商品——丙产品 200 000

借：其他业务成本 15 000

贷：包装物 15 000

(18) 包装物租金为价外费用，应一并征收增值税。其应纳增值税为：

$$\frac{10\ 000}{1+13\%}\times 13\% = 8\ 849.56\times 13\%$$

$$= 1\ 150.44(\text{元})$$

由于包装物押金尚未逾期，故不用计算增值税。

借：银行存款 301 200

贷：主营业务收入 240 000

其他业务收入 8 849.56

其他应付款——存入保证金 20 000

应交税费——应交增值税（销项税额） 32 350.44

结转成本时：

借：主营业务成本 160 000

贷：库存商品——甲产品 160 000

(19) 逾期的包装物押金应计算缴纳增值税。

$$\text{销项税额} = \frac{30\ 000}{1+13\%}\times 13\%$$

$$= 26\ 548.67\times 13\%$$

$$= 3\ 451.33(\text{元})$$

借：其他应付款——红光厂包装物押金 30 000

贷：其他业务收入 26 548.67

应交税费——应交增值税（销项税额） 3 451.33

(20) 销售旧机床。

借：固定资产清理 20 000

累计折旧 80 000

贷：固定资产——机床 100 000

借：银行存款 22 600

贷：固定资产清理 20 000

应交税费——应交增值税（销项税额） 2 600

（21）企业销售产品时，无论是销售给一般计税方法纳税人，还是销售给简易计税方法纳税人、消费者，均应以不含税的销售价格乘以13%的增值税税率计算销项税额。由于销售产品给简易计税方法纳税人只能开具普通发票，发票上注明的价格为含税价格，因此在计算销项税额时应将其换算成不含税价格再计算销项税额。

$$\text{销项税额}=\frac{226\ 000}{1+13\%}\times 13\%=26\ 000(\text{元})$$

借：银行存款　226 000
　贷：主营业务收入　200 000
　　应交税费——应交增值税（销项税额）　26 000

结转成本时：

借：主营业务成本　160 000
　贷：库存商品——甲产品　160 000

4.【解析】

（1）收到销货款现金500 000元。

借：银行存款　500 000
　贷：主营业务收入　500 000

按含税售价结转商品销售成本时：

借：主营业务成本　500 000
　贷：库存商品　500 000

结转销售商品的销项税额时：

$$\text{销项税额}=\frac{500\ 000}{1+13\%}\times 13\%$$
$$=57\ 522.12(\text{元})$$

借：主营业务收入　57 522.12
　贷：应交税费——应交增值税（销项税额）　57 522.12

（2）结转本月销售商品应分摊的进销差价。

借：商品进销差价　10 000
　贷：主营业务成本　10 000

5.【解析】

（1）从A厂购入甲材料。

借：在途物资——甲材料　100 000
　　应交税费——应交增值税（进项税额）　13 000
　贷：银行存款　113 000
借：原材料——甲材料　100 000
　贷：在途物资——甲材料　100 000

（2）预付B厂甲材料款。

借：预付账款——B厂　30 000
　贷：银行存款　30 000

（3）从国外进口一批乙材料。

增值税进项税额＝(1 000 000＋150 000＋50 000)×13%＝156 000(元)

借：在途物资——乙材料　　1 200 000
　　应交税费——应交增值税（进项税额）　　156 000
　贷：银行存款　　1 356 000

（4）从C厂购入丙材料。

借：在途物资——丙材料　　200 000
　　应交税费——应交增值税（进项税额）　　26 000
　贷：银行存款　　226 000

（5）因丙材料与合同不符而全部退货。

借：其他应收款——C厂　　800
　贷：银行存款　　800

（6）收到C厂开来的红字增值税专用发票及款项。

借：银行存款　　226 800
　贷：在途物资——丙材料　　200 000
　　　其他应收款——C厂　　800
　　　应交税费——应交增值税（进项税额转出）　　26 000

（7）从D厂购入丁材料。

借：在途物资——丁材料　　24 000
　　应交税费——应交增值税（进项税额）　　3 120
　贷：银行存款　　27 120

（8）定额内的损耗属正常损失，其进项税额可以进行抵扣。非正常损失的进项税额不得进行抵扣，在查明原因之前，非正常损失的货物的价值与其所负担的增值税之和一并转入“待处理财产损溢”科目，待查明原因后再做处理。

借：待处理财产损溢　　1 017
　　原材料　　23 100
　贷：在途物资——丁材料　　24 000
　　　应交税费——应交增值税（进项税额转出）　　117

（9）收到电力公司开来的电力增值税发票。

借：制造费用　　18 000
　　应交税费——应交增值税（进项税额）　　2 340
　　应付职工薪酬　　2 260
　贷：银行存款　　22 600

（10）接受S厂以原材料甲进行的投资。

借：原材料——甲材料　　100 000
　　应交税费——应交增值税（进项税额）　　13 000
　贷：股本　　113 000

(11) 接受 W 厂投资的丙材料。

借：原材料——丙材料　　40 000

　　应交税费——应交增值税（进项税额）　　5 200

　贷：股本　　45 200

(12) 自 2019 年 4 月 1 日起，纳税人取得不动产或者不动产在建工程的进项税额不再分 2 年抵扣。此前按照上述规定尚未抵扣完毕的待抵扣进项税额，可自 2019 年 4 月税款所属期起从销项税额中抵扣。

借：工程物资　　50 000

　　应交税费——应交增值税（进项税额）　　6 500

　贷：银行存款　　56 500

6.【解析】

(1) 发出材料进行委托加工时，应将原材料的计划成本调整为实际成本。

A 材料应负担的材料成本差异＝1 000×100×10%＝10 000(元)

A 材料的实际成本＝1 000×100＋10 000＝110 000(元)

借：委托加工物资——B 材料　　110 000

　贷：原材料——A 材料　　100 000

　　　材料成本差异　　10 000

(2) 支付运费，计算运费应计提的进项税额：

(1 000－200)×9%＝72(元)

应计入委托加工材料的运费成本为：

1 000＋72＝1 072(元)

借：委托加工物资——B 材料　　1 000

　　应交税费——应交增值税（进项税额）　　72

　贷：银行存款　　1 072

(3) 收到甲厂开具的增值税专用发票一张。

借：委托加工物资——B 材料　　5 000

　　应交税费——应交增值税（进项税额）　　650

　贷：应付账款——甲厂　　5 650

(4) 计算委托加工物资——B 材料的实际成本：

110 000＋1 072＋5 000＝116 072(元)

B 材料入库时的计划成本为：

1 200×99＝118 800(元)

借：原材料——B 材料　　118 800

　贷：委托加工物资——B 材料　　116 072

　　　材料成本差异　　2 728

7.【解析】

(1) 从A厂购进甲商品1 000台。

借：在途物资——A厂　88 000
　　应交税费——应交增值税（进项税额）　11 440
　贷：银行存款　99 440

入库时：

借：库存商品——甲商品　88 000
　贷：在途物资——A厂　88 000

(2) 计算该批农产品应计提的进项税额：

$$200\,000\times 9\%=18\,000(\text{元})$$

计入该批农产品的成本为：

$$200\,000-18\,000=182\,000(\text{元})$$

借：在途物资——某农场　182 000
　　应交税费——应交增值税（进项税额）　18 000
　贷：银行存款　200 000

入库时：

借：库存商品　182 000
　贷：在途物资——某农场　182 000

(3) 计算应转出的进项税额：

$$\frac{91\times 100}{1-9\%}\times 9\%=900(\text{元})$$

借：应付职工薪酬　10 000
　贷：库存商品　9 100
　　　应交税费——应交增值税（进项税额转出）　900

8.【解析】

(1) 企业付款时：

借：在途物资——A厂　150 000
　　应交税费——应交增值税（进项税额）　19 500
　贷：银行存款　169 500

(2) 商品验收入库，以含税售价记账。

借：库存商品——甲商品　226 000
　贷：在途物资——A厂　150 000
　　　商品进销差价　76 000

(3) 从外地B厂购入乙商品100箱。

借：物资采购——B厂　100 000
　　应交税费——应交增值税（进项税额）　13 000
　贷：应付票据　113 000

验收入库时：

借：库存商品——乙商品 130 000

贷：在途物资——B厂 100 000

商品进销差价 30 000

（4）退回从C厂购入的2台丙商品。

借：应收账款——C厂 2 000

贷：库存商品——丙商品 2 500

商品进销差价 500

或

借：应收账款——C厂 2 000

商品进销差价 500

贷：库存商品——丙商品 2 500

（5）收到C厂开来的红字增值税专用发票及退货款。

借：银行存款 2 260

贷：应收账款——C厂 2 000

应交税费——应交增值税（进项税额转出） 260

9.【解析】

（1）购进原材料一批，取得运输部门开具的增值税专用发票。

运费应抵扣的进项税额＝6 000×9%＝540（元）

借：在途物资 106 000

应交税费——应交增值税（进项税额） 13 540

贷：应付账款 119 540

借：原材料 106 000

贷：在途物资 106 000

（2）销售方开具的增值税专用发票上注明的价款为129 500元，税额为25 850元，两者之间无对应关系（即12 950×13%≠25 850元），不符合各项目内容正确无误的要求。因此，增值税专用发票上的税额25 850元不允许抵扣，而不允许抵扣的原材料所负担的进项税额应计入原材料的成本之中。

运费可抵扣的进项税额＝5 000×9%＝450（元）

借：在途物资 160 362

应交税费——应交增值税（进项税额） 450

贷：银行存款 160 812

借：原材料 160 362

贷：在途物资 160 362

（3）购进原材料一批。

借：在途物资 150 000

应交税费——应交增值税（进项税额） 19 500
贷：银行存款 169 500
借：原材料 150 000
贷：在途物资 150 000

（4）销售一批产品。

借：银行存款 1 356 000
应收账款 904 000
贷：主营业务收入 2 000 000
应交税费——应交增值税（销项税额） 260 000

（5）纳税人为销售货物而出租、出借包装物收取的押金，单独记账核算的，不并入销售额征税。但是，对因逾期未退还的包装物押金，应按所包装货物的适用税率计算缴纳增值税。

$$应纳增值税税额=\frac{11\ 300}{1+13\%}\times 13\%=1\ 300(元)$$

借：其他应付款 11 300
贷：其他业务收入 10 000
应交税费——应交增值税（销项税额） 1 300

（6）5月售出的部分产品因质量问题遭到退货。

借：主营业务收入 50 000
应交税费——应交增值税（销项税额） 6 500
贷：银行存款 56 500
借：库存商品 40 000
贷：主营业务成本 40 000

（7）非购进货物的进项税额不允许抵扣。

$$应转出进项税额=20\ 000\times 13\%=2\ 600(元)$$

借：待处理财产损溢 22 600
贷：原材料 20 000
应交税费——应交增值税（进项税额转出） 2 600

（8）月末计算本月应纳增值税。

应纳增值税税额

$=$销项税额$+$进项税额转出金额$-$进项税额$-$上月尚未抵扣完的增值税进项税额

$=260\ 000+1\ 300-6\ 500+2\ 600-(13\ 540+450+19\ 500)-5\ 000$

$=218\ 910$(元)

借：应交税费——应交增值税（转出未交增值税） 218 910
贷：应交税费——未交增值税 218 910

增值税纳税申报表的填写如下：

增值税纳税申报表

（一般计税方法纳税人适用）

根据《中华人民共和国增值税暂行条例》第二十二条和第二十三条的规定制定本表，纳税人不论有无销售额，均应按主管税务机关核定的纳税期限按期填报本表，并于次月1日起10日内，向当地税务机关申报。

税款所属时间：自　年　月　日至　年　月　日

填表日期：　年　月　日　　　　　　　　　　　　　　金额单位：元（列至角分）

纳税人识别号				所属行业		
纳税人名称（公章）		法定代表人姓名		注册地址	营业地址	
开户银行及账号		企业登记注册类型		电话号码		
项目		栏次	一般货物及劳务		即征即退货物及劳务	
			本月数	本年累计	本月数	本年累计
销售额	（一）按适用税率征税货物及劳务销售额	1	1 960 000			
	其中：应税货物销售额	2	1 960 000			
	应税劳务销售额	3				
	纳税检查调整的销售额	4				
	（二）按简易征收办法征税货物销售额	5				
	其中：纳税检查调整的销售额	6				
	（三）免、抵、退税办法出口货物销售额	7			—	—
	（四）免税货物及劳务销售额	8			—	—
	其中：免税货物销售额	9			—	—
	免税劳务销售额	10			—	—
税款计算	销项税额	11	254 800			
	进项税额	12	33 490			
	上期留抵税额	13	5 000	—		—
	进项税额转出	14	2 600			
	免、抵、退税货物应退税额	15			—	—
	按适用税率计算的纳税检查应补缴税额	16			—	—
	应抵扣税额合计	17＝12＋13－14－15＋16	35 890	—		—
	实际抵扣税额	18（如17<11，则为17，否则为11）	35 890			

税款计算	应纳税额	19＝11－18	218 910			
税款计算	期末留抵税额	20＝17－18		—		—
税款计算	按简易征收办法计算的应纳税额	21				
税款计算	按简易征收办法计算的纳税检查应补缴税额	22			—	—
税款计算	应纳税额减征额	23				
税款计算	应纳税额合计	24＝19＋21－23	218 910			
税款缴纳	期初未缴税额（多缴为负数）	25				
税款缴纳	实收出口开具专用缴款书退税额	26			—	—
税款缴纳	本期已缴税额	27＝28＋29＋30＋31				
税款缴纳	（1）分次预缴税额	28		—		—
税款缴纳	（2）出口开具专用缴款书预缴税额	29		—	—	—
税款缴纳	（3）本期缴纳上期应纳税额	30				
税款缴纳	（4）本期缴纳欠缴税额	31				
税款缴纳	期末未缴税额（多缴为负数）	32＝24＋25＋26－27				
税款缴纳	其中：欠缴税额（≥0）	33＝25＋26－27		—		—
税款缴纳	本期应补（退）税额	34＝24－28－29		—		—
税款缴纳	即征即退实际退税额	35	—	—		
税款缴纳	期初未缴查补税额	36			—	—
税款缴纳	本期入库查补税额	37			—	—
税款缴纳	期末未缴查补税额	38＝16＋22＋36－37			—	—

授权声明	申报人声明
如果你已委托代理人申报，请填写以下资料：为代理一切税务事宜，现授权＿＿＿＿＿＿（地址）＿＿＿＿＿＿为本纳税人的代理申报人，任何与本申报表有关的往来文件，都可寄予此人。 授权人签字：	此纳税申报表是根据《中华人民共和国增值税暂行条例》的规定填报的，我相信它是真实的、可靠的、完整的。 声明人签字：

以下由税务机关填写：

收到日期：　　　　接收人：　　　　主管税务机关盖章：

10.【解析】

（1）上月末未抵扣完的进项税额不做账务处理。

（2）购进一批原料。

借：在途物资 1 000 000

　　应交税费——应交增值税（进项税额） 130 000

　贷：银行存款 1 130 000

借：原材料 1 000 000

　贷：在途物资 1 000 000

（3）本月支付电费，并取得增值税专用发票。

借：制造费用 8 000

　　应交税费——应交增值税（进项税额） 1 040

　　应付职工薪酬 2 260

　贷：银行存款 11 300

（4）销售货物并取得运输部门开具的普通发票。

借：销售费用 30 000

　贷：银行存款 30 000

（5）本月内销一批产品。

借：银行存款 565 000

　贷：主营业务收入——内销 500 000

　　　应交税费——应交增值税（销项税额） 65 000

结转产品销售成本时：

借：主营业务成本 400 000

　贷：库存商品 400 000

（6）外销产品时：

借：银行存款 630 000

　贷：主营业务收入——外销 630 000

结转产品销售成本时：

借：主营业务成本 500 000

　贷：库存商品 500 000

计算出口产品不予抵扣的进项税额时：

$$\text{当期不得抵扣进项税额}=\text{出口货物销售额}\times\left(\text{出口货物征税率}-\text{出口货物退税率}\right)-\text{当期不得抵扣税额抵减额}$$

$$=630\,000\times(13\%-10\%)=18\,900(\text{元})$$

借：主营业务成本 18 900

贷：应交税费——应交增值税（进项税额转出） 18 900

计算免、抵、退税额时：

$$\text{免、抵、退税额}=\text{出口货物离岸价}\times\text{出口货物退税率}-\text{免、抵、退税抵减额}$$

$$=630\,000\times10\%=63\,000(\text{元})$$

计算当期应纳税额时：

当期应纳税额＝当期内销货物的销项税额－(当期全部进项税额
－当期不得抵扣进项税额)－上期未抵扣完的进项税额
＝65 000－(130 000＋1 040－18 900)－10 000
＝－57 140(元)

由于当期应纳税额为负数，且其绝对值（57 140 元）小于当期免、抵、退税额（63 000元)，故当期应退税额为 57 140 元。

借：其他应收款——应收出口退税　　57 140
　贷：应交税费——应交增值税（出口退税）　　57 140

计算当期免、抵税额时：

当期免、抵税额＝当期免、抵、退税额－当期应退税额
＝63 000－57 140＝5 860(元)

借：应交税费——应交增值税（出口抵减内销产品应纳税额）　　5 860
　贷：应交税费——应交增值税（出口退税）　　5 860

有关申报表填写如下：

生产企业出口货物免、抵、退税申报表

单位：元（列至角分）

企业代码		企业名称		
纳税人识别号		所属期　　年　月		
项目	栏次	当期	本年累计	与增值税纳税申报表差额
		(a)	(b)	(c)
当期免、抵、退税出口货物销售额（美元）	1	100 000		—
当期免、抵、退税出口货物销售额	2＝3＋4	630 000		
其中：单证不齐销售额	3			—
单证齐全销售额	4	630 000		—
前期出口货物当期收齐单证销售额	5		—	—
单证齐全出口货物销售额	6＝4＋5	630 000		—
不予免、抵、退税出口货物销售额	7			—
出口销售额乘征、退税率之差	8	18 900		—
上期结转免、抵、退税不得免征和抵扣税额抵减额	9		—	—
免、抵、退税不得免征和抵扣税额抵减额	10			—
免、抵、退税不得免征和抵扣税额	11（如 8＞9＋10，则为 8－9－10，否则为 0）	18 900		
结转下期免、抵、退税不得免征和抵扣税额抵减额	12（如 9＋10＞8，则为 9＋10－8，否则为 0）	0	—	—

项目	栏次			
出口销售额乘退税率	13	63 000		—
上期结转免、抵、退税额抵减额	14		—	—
免、抵、退税额抵减额	15			—
免、抵、退税额	6（如13>14+15，则为13－14－15，否则为0）	63 000		—
结转下期免、抵、退税额抵减额	17（如14+15>13，则为14+15－13，否则为0）	0	—	—
增值税纳税申报表期末留抵税额	18	57 140	—	—
计算退税的期末留抵税额	19＝18－11c	57 140	—	—
当期应退税额	20（如16>19，则为19，否则为16）	57 140		—
当期免、抵税额	21＝16－20	5 860		—
出口企业		退税部门		
兹声明以上申报无讹并愿意承担一切法律责任。 经办人： 财务负责人（公章）： 企业负责人：　　　　年　月　日		经办人： 复核人（章）： 负责人：　　年　月　日		

增值税纳税申报表

（一般纳税方法纳税人适用）

根据《中华人民共和国增值税暂行条例》第二十二条和第二十三条的规定制定本表，纳税人不论有无销售额，均应按主管税务机关核定的纳税期限按期填报本表，并于次月1日起10日内，向当地税务机关申报。

税款所属时间：自　年　月　日至　年　月　日

填表日期：　年　月　日　　　　　　　　　　　　　金额单位：元（列至角分）

<table>
<tr><td colspan="2">纳税人识别号</td><td colspan="4"></td><td colspan="2">所属行业</td><td></td></tr>
<tr><td colspan="2">纳税人名称（公章）</td><td></td><td>法定代表人姓名</td><td></td><td>注册地址</td><td></td><td>营业地址</td><td></td></tr>
<tr><td colspan="2">开户银行及账号</td><td></td><td>企业登记注册类型</td><td></td><td>电话号码</td><td colspan="3"></td></tr>
<tr><td colspan="3" rowspan="2">项目</td><td colspan="2" rowspan="2">栏次</td><td colspan="2">一般货物及劳务</td><td colspan="2">即征即退货物及劳务</td></tr>
<tr><td>本月数</td><td>本年累计</td><td>本月数</td><td>本年累计</td></tr>
<tr><td rowspan="6">销售额</td><td colspan="2">（一）按适用税率征税货物及劳务销售额</td><td colspan="2">1</td><td>500 000</td><td></td><td></td><td></td></tr>
<tr><td colspan="2">其中：应税货物销售额</td><td colspan="2">2</td><td>500 000</td><td></td><td></td><td></td></tr>
<tr><td colspan="2">应税劳务销售额</td><td colspan="2">3</td><td></td><td></td><td></td><td></td></tr>
<tr><td colspan="2">纳税检查调整的销售额</td><td colspan="2">4</td><td></td><td></td><td></td><td></td></tr>
<tr><td colspan="2">（二）按简易征收办法征税货物销售额</td><td colspan="2">5</td><td></td><td></td><td></td><td></td></tr>
<tr><td colspan="2">其中：纳税检查调整的销售额</td><td colspan="2">6</td><td></td><td></td><td></td><td></td></tr>
</table>

销售额	(三)免、抵、退税办法出口货物销售额	7	630 000		—	—
	(四)免税货物及劳务销售额	8			—	—
	其中:免税货物销售额	9			—	—
	免税劳务销售额	10			—	—
税款计算	销项税额	11	65 000			
	进项税额	12	131 040			
	上期留抵税额	13	10 000	—		—
	进项税额转出	14	18 900			
	免、抵、退税货物应退税额	15	57 140		—	—
	按适用税率计算的纳税检查应补缴税额	16			—	—
	应抵扣税额合计	17=12+13-14-15+16	65 000	—		—
	实际抵扣税额	18(如17<11,则为17,否则为11)	65 000			
	应纳税额	19=11-18	0			
	期末留抵税额	20=17-18		—		—
	按简易征收办法计算的应纳税额	21				
	按简易征收办法计算的纳税检查应补缴税额	22			—	—
	应纳税额减征额	23				
	应纳税额合计	24=19+21-23				
税款缴纳	期初未缴税额(多缴为负数)	25				
	实收出口开具专用缴款书退税额	26			—	—
	本期已缴税额	27=28+29+30+31				
	(1)分次预缴税额	28		—		—
	(2)出口开具专用缴款书预缴税额	29		—	—	—
	(3)本期缴纳上期应纳税额	30				
	(4)本期缴纳欠缴税额	31				
	期末未缴税额(多缴为负数)	32=24+25+26-27				
	其中:欠缴税额(≥0)	33=25+26-27		—		—

<table>
<tr><td rowspan="5">税款缴纳</td><td>本期应补（退）税额</td><td>34＝24－28－29</td><td></td><td>—</td><td></td><td>—</td></tr>
<tr><td>即征即退实际退税额</td><td>35</td><td>—</td><td>—</td><td></td><td></td></tr>
<tr><td>期初未缴查补税额</td><td>36</td><td></td><td></td><td>—</td><td>—</td></tr>
<tr><td>本期入库查补税额</td><td>37</td><td></td><td></td><td>—</td><td>—</td></tr>
<tr><td>期末未缴查补税额</td><td>38＝16＋22＋36－37</td><td></td><td></td><td>—</td><td>—</td></tr>
<tr><td>授权声明</td><td colspan="2">如果你已委托代理人申报，请填写以下资料：
为代理一切税务事宜，现授权＿＿＿＿＿＿＿＿
（地址）＿＿＿＿＿＿＿＿＿＿＿＿为本纳税人的代理申报人，任何与本申报表有关的往来文件，都可寄予此人。

授权人签字：</td><td>申报人声明</td><td colspan="3">此纳税申报表是根据《中华人民共和国增值税暂行条例》的规定填报的，我相信它是真实的、可靠的、完整的。

声明人签字：</td></tr>
<tr><td colspan="7">以下由税务机关填写：

收到日期：　　　　接收人：　　　　主管税务机关盖章：</td></tr>
</table>

第3章 消费税的会计核算

一、学习目的与要求

通过本章的学习，首先，学生应熟悉消费税的征税范围、征收环节以及税率。其次，学生要掌握应税消费品应纳消费税的会计核算方法。最后，学生应通过具体案例掌握消费税在各种情况下的账务处理及申报表的填制。

二、重点与难点

（一）消费税的纳税义务人、征税对象与征税范围

1. 消费税的纳税义务人。

消费税的纳税义务人是在中华人民共和国境内销售、委托加工和进口应税消费品的单位及个人。

单位是指企业、行政单位、事业单位、军事单位、社会组织及其他单位。

个人是指个体工商户和自然人。

境内是指销售、委托加工和进口属于应当征收消费税的消费品的起运地或所在地在我国境内。

此外，根据税法的规定，对委托加工的应税消费品，以进口人或代理人为纳税人。

2. 征税对象与征税范围。

消费税的征税对象与征税范围见表3－1。

表3－1　消费税税目税率表

税目	税率		
	生产（进口）环节	批发环节	零售环节
一、烟			
1. 卷烟			
(1) 甲类卷烟	56%加0.003元/支	11%加0.005元/支	
(2) 乙类卷烟	36%加0.003元/支		
2. 雪茄烟	36%		
3. 烟丝	30%		
二、酒			
1. 白酒	20%加0.5元/500克（或者500毫升）		
2. 黄酒	240元/吨		
3. 啤酒			
(1) 甲类啤酒	250元/吨		
(2) 乙类啤酒	220元/吨		
4. 其他酒	10%		
三、高档化妆品	15%		
四、贵重首饰及珠宝玉石			
1. 金银首饰、铂金首饰和钻石及钻石饰品			5%
2. 其他贵重首饰和珠宝玉石	10%		
五、鞭炮、焰火	15%		
六、成品油			
1. 汽油	1.52元/升		
2. 柴油	1.2元/升		
3. 航空煤油	1.2元/升		
4. 石脑油	1.52元/升		
5. 溶剂油	1.52元/升		
6. 润滑油	1.52元/升		
7. 燃料油	1.2元/升		
七、摩托车			

续表

税目	税率		
	生产（进口）环节	批发环节	零售环节
1. 气缸容量250毫升	3%		
2. 气缸容量在250毫升（不含）以上的	10%		
八、小汽车			
1. 乘用车			
(1) 气缸容量（排气量，下同）在1.0升（含1.0升）以下的	1%		
(2) 气缸容量在1.0升以上至1.5升（含1.5升）的	3%		
(3) 气缸容量在1.5升以上至2.0升（含2.0升）的	5%		
(4) 气缸容量在2.0升以上至2.5升（含2.5升）的	9%		
(5) 气缸容量在2.5升以上至3.0升（含3.0升）的	12%		
(6) 气缸容量在3.0升以上至4.0升（含4.0升）的	25%		
(7) 气缸容量在4.0升以上的	40%		
2. 中轻型商用客车	5%		
3. 超豪华小汽车	按子税目1和子税目2的规定征收		10%
九、高尔夫球及球具	10%		
十、高档手表	20%		
十一、游艇	10%		
十二、木制一次性筷子	5%		
十三、实木地板	5%		
十四、电池	4%		
十五、涂料	4%		

(二) 应纳税额的计算

消费税实行从价计税、从量计税，或者从价和从量复合计税（以下简称“复合计税”）的办法计算应纳税额。

1. 从价计税。

$$应纳税额=销售额\times比例税率$$

2. 从量计税。

应纳税额＝销售数量×单位税额

(1) 销售应税消费品的，以销售数量为计税依据。

(2) 自用未对外销售应税消费品的，以移送使用数量为计税依据。

(3) 委托加工应税消费品的，以加工收回数量为计税依据。

(4) 进口应税消费品的，以海关核定的进口数量为计税依据。

3. 复合计税。

在现行消费税的征税范围中，只有卷烟、白酒采用混合计税方法。其基本计算公式为：

应纳税额＝销售额×比例税率＋销售数量×定额税率

(三) 消费税的会计处理

企业在计算和缴纳消费税时，应设置“应交税费——应交消费税”科目。该科目的贷方发生额记载企业因生产和进口应税消费品而应缴纳的消费税税额，借方发生额记载企业实际缴纳的消费税税额和待抵扣的消费税税额。期末贷方余额反映企业尚未缴纳的消费税税额，期末借方余额反映企业多缴或待抵扣的消费税税额，见表 3－2。

表 3－2　消费税会计科目设置

借方　　应交税费——应交消费税　　贷方

借方	贷方
• 实际缴纳的消费税税额 • 待抵扣的消费税税额	应缴纳的消费税税额
余额：1. 多缴纳的消费税税额 2. 待抵扣的消费税税额	余额：尚未缴纳的消费税税额

(四) 企业对外销售应税消费品的会计核算

企业对外销售应税消费品应缴纳的消费税，应分情况处理。

1. 直接对外销售的会计处理。

企业在生产出应税消费品对外销售时，应缴纳的消费税通过“税金及附加”科目核算。企业按规定计算出应缴纳的消费税，做如下会计分录：

借：税金及附加

　　贷：应交税费——应交消费税

2. 企业以生产的应税消费品对外投资，或用于在建工程等方面的会计核算。

企业用应税消费品对外投资，或用于在建工程等其他方面，按规定缴纳的消费税应计入有关科目。

3. 应税消费品的包装物应纳消费税的会计核算。

(1) 随同产品出售的包装物应纳消费税的会计核算。按税法的规定，随同产品出售的包装物，不论是否单独计价，也不论在会计上如何核算，均应并入应税消费品的销售额，按其税率计征消费税。随同产品出售不单独计价的包装物，因其包装物价款已包含在销售额中，会计处理同直接对外销售应税消费品。随同产品出售单独计价的包装物，因其销售收入计入“其他业务收入”科目，所以按规定缴纳的消费税的会计分录应为：

借：税金及附加

　贷：应交税费——应交消费税

（2）不随产品出售，周转使用的包装物所收押金应纳消费税的会计核算。按规定，如果包装物不作价随同产品销售，而是收取押金，除酒类产品以外，此项押金不并入销售额计征消费税。但是，对逾期未退还的包装物押金和已收取1年以上的包装物押金，应并入应税消费品的销售额，按其税率计征消费税。

（五）委托加工应税消费品的会计核算

企业委托加工应税消费品，由受托方代收代缴消费税。委托方收回应税消费品后，用于企业连续生产应税消费品的，已扣缴消费税准予按规定抵扣；以不高于受托方的计税价格直接出售的，不再征收消费税；以高于受托方的计税价格出售的，不属于直接出售，需要按规定缴纳消费税，在计税时准予扣除代扣代缴的消费税。在这两种情况下，委托方的会计核算是不同的，受托方的会计核算是相同的。受托方按代收税款做如下会计分录：

借：应收账款（银行存款等科目）

　贷：应交税费——应交消费税

1. 委托加工应税消费品收回后直接用于销售。

委托加工应税消费品收回后直接用于销售的，由受托方代收的消费税随同应支付的加工费，一并计入委托加工应税消费品的成本，其会计分录为：

借：应交税费——应交消费税

　贷：应付账款（银行存款等科目）

2. 委托加工应税消费品加工后用于连续生产应税消费品的会计核算。

委托加工应税消费品加工后用于连续生产应税消费品的，由受托方代收代缴的消费税准予按规定抵扣，委托方应做如下会计分录：

借：应交税费——应交消费税

　贷：应付账款（银行存款等科目）

（六）出口应税消费品的会计核算

企业出口应税消费品，应区分情况进行如下会计核算：

1. 有出口经营权的生产性企业自营出口生产的应税消费品，免税不退税，可以不计算应缴纳的消费税。

2. 有出口经营权的外贸企业购进应税消费品直接出口，其会计分录为：

（1）购进应税消费品时：

借：材料采购/在途物资

　　应交税费——应交增值税（进项税额）

　贷：银行存款等科目

（2）报关出口后申请退税时：

借：其他应收款——出口退税

贷：主营业务成本

（3）收到出口应税消费品退回的税金时：

借：银行存款

贷：其他应收款——出口退税

三、关键术语

从价定率征收：从价定率征收消费税，应纳税额的计算取决于应税消费品的销售额和适用税率两个因素。其基本计算公式为：

应纳税额＝销售额×比例税率

从量定额征收：从量定额征收消费税，应纳税额取决于消费品的应税数量和单位税额两个因素。其基本计算公式为：

应纳税额＝销售数量×单位税额

（1）销售应税消费品的，以销售数量为计税依据。

（2）自用未对外销售应税消费品的，以移送使用数量为计税依据。

（3）委托加工应税消费品的，以加工收回数量为计税依据。

（4）进口应税消费品的，以海关核定的进口数量为计税依据。

价外费用：价外费用是指价外收取的基金、集资费、返还利润、补贴、违约金（延期付款利息）和手续费、包装费、储备费、优质费、运输装卸费、代收款项、代垫款项以及其他各种性质的价外收费。但是，下列款项不包括在内：

（1）承运部门的运费发票开具给购货方的。

（2）纳税人将该项发票转交给购货方的。

（3）向购货方收取的增值税税款。

其他价外费用，无论是否属于纳税人的收入，均应并入销售额计算征税。

自用未对外销售应税消费品：自用未对外销售应税消费品按其使用方向可分为两种情况，因而其应税销售额的规定也有两种情况。

（1）纳税人将自己生产的应税消费品用于本企业连续生产应税消费品。这种应税消费品是指作为生产最终应税消费品的直接材料，并构成最终产品实体的应税消费品。在这种情况下，对此类应税消费品不征税，只就最终应税消费品征税。

（2）纳税人将自己生产的应税消费品用于连续生产应税消费品以外的其他方面，即用于生产非应税消费品和在建工程、管理部门、非生产机构、提供劳务以及用于馈赠、赞助、广告、样品、职工福利、奖励等方面。对这种用于其他方面的应税消费品，均视同对外销售，按照纳税人生产的同类消费品的销售价格纳税。没有同类消费品销售价格的，以组成计税价格作为计税销售额。组成计税价格的计算公式为：

第一，实行从价计税办法计算组成计税价格的公式为：

$$组成计税价格=\frac{成本+利润}{1-比例税率}$$

式中，成本为应税消费品的产品生产成本；利润为根据应税消费品全国平均成本利润率计算的利润。

第二，实行复合计税办法计算组成计税价格的公式为：

$$组成计税价格=\frac{成本+利润+自用数量\times 定额税率}{1-比例税率}$$

式中，成本为应税消费品的产品生产成本；利润为根据应税消费品全国平均成本利润率计算的利润。

委托加工应税消费品：委托加工应税消费品是指由委托方提供原料和主要材料，受托方只收取加工费和代垫部分辅助材料加工的应税消费品。对于由受托方提供原料和主要材料生产的应税消费品，或者受托方先将原材料卖给委托方，然后再接受加工的应税消费品，以及由受托方以委托方名义购进原材料生产的应税消费品，不论纳税人在财务上是否做销售处理，都不能作为委托加工应税消费品，而应当按照自制应税消费品缴纳消费税。

委托加工应税消费品以受托方同类消费品的销售价格作为计税销售额；没有同类消费品销售价格的，以组成计税价格作为计税销售额。

外购的应税消费品用于连续生产应税消费品，符合下列情形的，所纳消费税税款准予按规定抵扣：

①以外购已税烟丝生产卷烟的。

②以外购已税鞭炮、焰火生产鞭炮、焰火的。

④以外购已税杆头、杆身和握把生产高尔夫球杆的。

⑤以外购已税木制一次性筷子生产木制一次性筷子的。

⑥以外购已税实木地板生产实木地板的。

⑦以外购已税石脑油、燃料油生产成品油的。

⑧以外购已税汽油、柴油、润滑油分别生产汽油、柴油、润滑油的。

⑨集团内部企业间用啤酒液生产啤酒的。

⑩以外购已税葡萄酒生产葡萄酒的。

⑪以外购已税高档化妆品生产高档化妆品的。

除第⑥、⑦、⑧项外，上述准予抵扣的情形仅限于进口或从同税目纳税人处购进的应税消费品。

$$\begin{aligned}&当期准予扣除的外购应税消费品已纳税款\\&=当期准予扣除的外购应税消费品买价或数量\times 外购应税消费品适用税率或税额\end{aligned}$$

$$\begin{aligned}&当期准予扣除的外购应税消费品买价或数量\\&=\begin{matrix}期初库存的外购应税\\消费品买价或数量\end{matrix}+\begin{matrix}当期购进的应税\\消费品买价或数量\end{matrix}-\begin{matrix}期末库存的外购应税\\消费品买价或数量\end{matrix}\end{aligned}$$

四、习题与答案

（一）术语解释

1. 消费税
2. 自用未对外销售应税消费品
3. 委托加工应税消费品
4. 应交消费税

（二）填空题

1. 消费税的纳税人是在我国境内____应税消费品的单位及个人。
2. 委托加工应税消费品，以____为纳税人，以____为税款的代收代缴义务人。
3. 消费税采用____、____和____三种形式。
4. 征收消费税的销售额为销售应税消费品取得的与之相关的对价，对价包括全部价款和____。
5. ____产品收取的包装物押金，无论押金是否返还及会计上如何核算，均应并入销售额中征收消费税。
6. 纳税人将生产的应税消费品用于____，不征税。
7. 委托加工应税消费品必须由____提供原料和主要材料。
8. 纳税人进口应税消费品，适用从量计税的，其计税依据为____。
9. 当期准予扣除的外购或委托加工应税消费品的已纳消费税税额，按____计算。
10. 出口企业将适用不同消费税税率的应税消费品统一核算，其出口退税一律____适用税率。

（三）判断题

1. 纳税人自用未对外销售的应税消费品，将其用于连续生产应税消费品的，在移送使用环节缴纳消费税。（ ）
2. 纳税人用于换取产品和抵偿债务的应税消费品，不征消费税。（ ）
3. 纳税人用于在建工程、管理部门、其他非生产机构的应税消费品，应视同销售征收消费税。（ ）
4. 纳税人兼营不同税率的应税消费品，应当分别核算不同税率应税消费品的销售额、销售量，未分别核算的，或将不同税率的应税消费品组成成套消费品销售的，按平均税率

计税。（ ）

5. 纳税人将委托加工的应税消费品收回后直接出售的，若其售价不高于原组成计税价格，不再征收消费税。（ ）

6. 委托加工应税消费品是指委托方提供原料和主要材料，受托方只收取加工费和代垫部分辅助材料加工的应税消费品。（ ）

7. 纳税人销售应税消费品，如果销售额为含税销售额，在计征消费税时应做不含税处理，其计算公式如下所示。（ ）

$$\text{不含税销售额}=\frac{\text{含税销售额}}{1-\text{增值税税率或征收率}}$$

8. 工业生产企业和商贸企业委托外贸企业出口应税消费品，可按规定办理出口退税。（ ）

（四）选择题（含单选、多选）

1. 消费税主要采取在（ ）环节纳税。

A. 流通　　B. 消费　　C. 销售和进口　　D. 出口

2. 在下列情况中，应纳消费税的有（ ）。

A. 外购零部件组装计算机销售

B. 以自产的高档化妆品作为礼品进行捐赠

C. 销售高档服装的行为

D. 委托加工的粮食白酒收回后用于连续加工

3. 从价计税的应税消费品的销售额应为（ ）。

A. 成本＋利润

B. 成本＋利润＋增值税

C. 成本＋利润＋增值税＋消费税

D. 成本＋利润＋消费税

4. 委托加工应税消费品，受托方于（ ）时代收代缴消费税。

A. 接受委托　　B. 加工开始

C. 收取加工费　　D. 委托方销售

5. 进口的应税消费品，适用从价计税的，其计税依据为（ ）。

A. 关税计税价格　　B. 组成计税价格

C. 市场销售价格　　D. 同类商品价格

6. 纳税人销售应税消费品，其应纳消费税税额计入（ ）。

A. 税金及附加科目　　B. 其他业务支出科目

C. 营业外支出科目　　D. 相关科目的成本之中

7. 纳税人以生产的应税消费品对外投资或用于在建工程等方面，在进行账务处理时，其应纳消费税税额计入（ ）。

A. 税金及附加科目　　B. 其他业务支出科目

C. 营业外支出科目　　D. 相关科目的成本之中

8. 纳税人将委托加工应税消费品收回后直接对外销售，由受托方代收代缴的消费税应计入（　）科目。

A. 税金及附加　　B. 应交税费——应交消费税

C. 营业外支出　　D. 委托加工物资

9. 外贸企业出口应税消费品，企业计算出应交消费税后（　）。

A. 免税，不做账务处理

B. 做会计分录：

借：应收账款

　贷：应交税费——应交消费税

C. 做会计分录：

借：其他应收款——出口退税

　贷：主营业务成本

D. 做会计分录：

借：税金及附加

　贷：主营业务成本

10. 纳税人没收的非酒类包装物押金，应并入应税消费品的销售额计征消费税，其税额应计入（　）科目的借方。

A. 其他应付款　　B. 其他业务成本

C. 营业外支出　　D. 税金及附加

11. 纳税人自用未对外销售的应税消费品，将其用于（　）的，应当缴纳消费税。

A. 连续生产应税消费品　　B. 赞助、集资

C. 广告、样品　　D. 职工福利

12. 应税消费品的纳税环节包括（　）。

A. 生产销售环节　　B. 进口环节

C. 批发环节　　D. 委托加工环节

13. 在下列消费品中，属于消费税征税范围的是（　）。

A. 白酒　　B. 保健食品

C. 高档化妆品　　D. 乘用车

14. 下列哪种情况属于自制应税消费品？（　）

A. 由受托方提供原材料生产的应税消费品

B. 由委托方提供原料和主要材料，受托方只收取加工费和代垫部分辅料加工的应税消费品

C. 受托方先将原材料卖给委托方，然后再接受加工的应税消费品

D. 由受托方以委托方名义购进原材料加工的应税消费品

15. 下列企业出口应税消费品，可办理消费税退税的企业有（　）。

A. 外贸企业从生产企业购进应税消费品直接出口

B. 商业企业委托外贸企业代理出口应税消费品

C. 有出口经营权的生产企业自营出口生产的应税消费品

D. 外贸企业委托其他外贸企业代理出口应税消费品

（五）简答题

1. 从价计税的应税消费品，其销售额应如何确定？
2. 纳税人将生产的应税消费品用于在建工程、管理部门、非生产机构以及用于投资、捐赠、奖励等方面，应如何进行会计核算？
3. 纳税人没收的包装物押金应如何进行会计核算？
4. 纳税人委托加工的应税消费品应如何进行会计核算？
5. 纳税人出口应税消费品后的退税应如何进行会计核算？

（六）综合题

1. 5月，某汽车制造厂（一般计税方法纳税人）为赞助一次汽车拉力赛，无偿赠送主办单位越野车3辆，每辆车的生产成本为15万元，不含税售价为20万元，适用的消费税税率为5%。

试计算其应纳消费税税额，做出相应的会计分录。

2. 3月，某化妆品厂（一般计税方法纳税人）销售一批高档化妆品，不含税售价为80万元，适用的消费税税率为15%，增值税税率为13%，货款已收到，货已发出；三个月前收取的包装物租金为1 130元，押金为22 600元，约定三个月内归还包装物并退还押金，但购货方违约，逾期未归还包装物，化妆品厂没收押金。

试计算该厂3月应纳的消费税税额，做出相应的会计分录。

3. 某酒厂（一般计税方法纳税人）主要生产粮食白酒和啤酒。7月销售粮食白酒20 000公斤，不含税收入为100万元，收取包装物押金56 500元；销售甲类啤酒300吨，每吨不含税收入为2 700元，收取包装物押金每吨339元。

试计算该厂当月应纳的消费税税额，做出相应的会计分录。

4. 10月，某卷烟厂（一般计税方法纳税人）发生如下经济业务：

（1）10日，购买烟叶一批，取得的增值税专用发票上注明的价款为150 000元，增值税为19 500元；款项已付，货已入库。

（2）15日，将10日购进的烟叶发往甲烟厂，委托甲烟厂加工烟丝，收到的增值税专用发票上注明的加工费为60 000元，增值税为7 800元，甲烟厂无同类烟丝的销售价格。

（3）卷烟厂收回烟丝后，领用一半用于生产卷烟，另一半直接出售，取得含税收入226 000元。

（4）25日，卷烟厂销售甲类卷烟20标准箱，每箱250标准条，每条不含税售价80元，款项存入银行。

试根据以上资料，计算该卷烟厂应纳的消费税税额，做出相应的会计分录。

5. 5月，某日用化工厂（一般计税方法纳税人）发生以下经济业务：

（1）发出A材料800公斤，委托某企业加工成高档化妆品，材料的实际成本为14 500元，发出材料时用银行存款支付装卸费500元。

（2）委托某企业加工的高档化妆品已加工完成，现全部收回。为此，向对方支付加工费3 000元，增值税390元，运回产品时对方代垫装卸费500元。

（3）受托加工的高档化妆品，企业无同类产品的销售价格，委托方按照组成计税价格向该企业支付代收代缴的消费税，委托方收回该批高档化妆品后直接用于销售。

试根据以上资料计算该日用化工厂应纳的消费税，做出相应的会计分录。

6. 某外贸进出口公司（一般计税方法纳税人）从国内某汽车制造厂购入小轿车20辆，总价为300万元，汽车制造厂已按9%的税率计算缴纳消费税27万元、增值税39万元。外贸进出口公司用银行存款支付了货款，并将该批汽车出口到某国，按规定申请办理出口退税。

试根据上述情况做出外贸进出口公司办理消费税出口退税的会计分录。

答案解析

（一）术语解释

1. 消费税的纳税人是在中华人民共和国境内销售、委托加工和进口应税消费品的单位及个人。消费税是对应税消费品的销售额或销售数量，在特定环节征收的一种税。简单地说，消费税是对特定的消费品和消费行为征收的一种税。

2. 自用未对外销售应税消费品——自用未对外销售应税消费品按其使用方向可分为两种情况，因而其应税销售额的规定也有两种情况。

第一，纳税人将自己生产的应税消费品用于本企业连续生产应税消费品。这种应税消费品是指作为生产最终应税消费品的直接材料，并构成最终产品实体的应税消费品。在这种情况下，对此类应税消费品不征税，只就最终应税消费品征税。

第二，纳税人将自己生产的应税消费品用于连续生产应税消费品以外的其他方面，即用于生产非应税消费品和在建工程、管理部门、非生产机构、提供劳务以及用于馈赠、赞助、广告、样品、职工福利、奖励等方面。对这种用于其他方面的应税消费品，均视同对外销售，按照纳税人生产的同类消费品的销售价格纳税。没有同类消费品销售价格的，以组成计税价格作为计税销售额。组成计税价格的计算公式为：

第一，实行从价计税办法计算组成计税价格的公式为：

$$组成计税价格=\frac{成本+利润}{1-比例税率}$$

式中，成本为应税消费品的产品生产成本；利润为根据应税消费品全国平均成本利润率计算的利润。

第二，实行复合计税办法计算组成计税价格的公式为：

$$组成计税价格=\frac{成本+利润+自用数量\times定额税率}{1-比例税率}$$

式中，成本为应税消费品的产品生产成本；利润为根据应税消费品全国平均成本利润率计算的利润。

3. 委托加工应税消费品是指由委托方提供原料和主要材料，受托方只收取加工费和代垫部分辅助材料加工的应税消费品。对于由受托方提供原料和主要材料生产的应税消费品，或者受托方先将原材料卖给委托方，然后再接受加工的应税消费品，以及由受托方以委托方名义购进原材料生产的应税消费品，不论纳税人在财务上是否做销售处理，都不能作为委托加工应税消费品，而应当按照自制应税消费品缴纳消费税。

委托加工应税消费品以受托方同类消费品的销售价格作为计税销售额；没有同类消费品销售价格的，以组成计税价格作为计税销售额。

4. 消费税实行从价计税、从量计税，或者从价和从量复合计税（以下简称“复合计税”）的办法计算应纳税额。从价计税征收消费税，以不含增值税的销售额为税基，按照税法规定的税率计算。从量计税征收消费税，根据按税法确定的企业应税消费品的数量和单位应税消费品应缴纳的消费税计算确定。复合计税将前两种计税方法结合起来计算确定应缴纳的消费税。缴纳消费税的企业应在“应交税费”科目下设置“应交消费税”明细科目。

（二）填空题

1. 销售、委托加工和进口

2. 委托方　受托方

3. 从价计税　从量计税　从价和从量复合计税

4. 价外费用

5. 酒类（黄酒、啤酒除外）

6. 本企业连续生产应税消费品

7. 委托方

8. 海关审定的进口数量

9. 期初库存的委托加工应税消费品已纳税款 + 当期收回的委托加工应税消费品已纳税款 - 期末库存的委托加工应税消费品已纳税款

10. 从低

（三）判断题

1. ×　【解析】纳税人自用未对外销售的应税消费品，将其用于连续生产应税消费品的，在移送使用环节不用计算缴纳消费税。

2. ×　【解析】纳税人用于换取产品和抵偿债务的应税消费品，应按同类消费品的最高价格计算缴纳消费税。

3. √　【解析】根据《中华人民共和国消费税暂行条例》及《中华人民共和国消费税暂行条例实施细则》的有关规定，纳税人发生视同销售行为，应按同类消费品的平均销售价格计算缴纳消费税。

4. ×　【解析】纳税人兼营不同税率的应税消费品，应当分别核算不同税率应税消费品的销售额、销售量，未分别核算的，或将不同税率的应税消费品组成成套消费品销售的，按最高税率计税。

5. √　【解析】纳税人委托加工的应税消费品在提货环节已由受托方代收代缴消费税，因此其收回后若用于直接销售，不再计算缴纳消费税。

6. √　【解析】根据《中华人民共和国消费税暂行条例》及《中华人民共和国消费税暂行条例实施细则》的规定，受托方先将原材料卖给委托方再接受委托加工或受托方代委托方购买原材料后再加工的行为均不属于委托加工业务。

7. ×　【解析】纳税人销售应税消费品，如果销售额为含税销售额，在计征消费税时应做不含税处理。其计算公式为：

$$不含税销售额=\frac{含税销售额}{1+增值税税率或征收率}$$

8. × 【解析】有出口经营权的外贸企业购进应税消费品直接出口，可按规定办理出口退税。

（四）选择题（含单选、多选）

1. C 【解析】根据《中华人民共和国消费税暂行条例》及《中华人民共和国消费税暂行条例实施细则》的规定，消费税主要选择在销售、委托加工及进口环节征收。

2. B 【解析】将自产、委托加工的应税消费品用于对外捐赠等，应视同销售计算缴纳消费税。将委托加工产品收回后直接销售的不再计算缴纳消费税。销售计算机及高档服装不属于消费税的应税范围。

3. D 【解析】由于增值税是价外税、消费税为价内税，因此其计税价格中包含消费税，不包含增值税。

4. C 【解析】委托加工应税消费品，应于加工完毕、受托方收取加工费时一并收取应缴纳的消费税。

5. B 【解析】进口的应税消费品，其计税价格为组成计税价格。组成计税价格的公式为：

$$组成计税价格=关税计税价格+关税+消费税$$

6. A 【解析】纳税人在销售应税消费品时，其应纳消费税税额计入“税金及附加”科目。

7. D 【解析】纳税人以生产的应税消费品用于在建工程等，其应纳消费税税额计入“长期股权投资”“在建工程”等相关科目的成本之中。

8. D 【解析】纳税人将委托加工的应税消费品收回后直接销售的，不再计算缴纳消费税，受托方代收代缴的消费税计入“委托加工物资”的成本之中。

9. C 【解析】外贸企业出口应税消费品的，其收购产品中所含的消费税在出口后可以退税。

10. D 【解析】纳税人没收的非酒类包装物押金，应通过“其他业务收入”科目处理，因此其应缴纳的消费税应通过“税金及附加”科目核算。

11. BCD 【解析】纳税人将自用未对外销售的应税消费品用于赞助、广告、职工福利等，属于视同销售行为，应计算缴纳消费税。

12. ABCD 【解析】自2009年9月1日起，卷烟在批发环节加征了一道消费税。

13. ACD 【解析】保健食品不属于消费税的征税范围。

14. ACD 【解析】由委托方提供原料和主要材料，受托方只收取加工费和代垫部分辅料的应税消费品加工行为属于委托加工行为。

15. AD 【解析】商业企业委托外贸企业代理出口不享受出口退税政策，生产企业自营出口免征消费税。

（五）简答题

1.【解析】

从价计税的应税消费品，其销售额应区分情况确定：

（1）一般情况下销售额的确定。纳税人销售应税消费品取得的与之相关的对价，包括

全部货币或者非货币形式的经济利益。对价包括全部价款和价外费用。销售额不包括收取的增值税税款。

（2）包装物计入销售额的规定。应税消费品连同包装物销售的，无论包装物是否单独计价，也无论在会计上如何核算，均应并入销售额征收消费税。

如果包装物不作价随同产品销售，而是收取押金（酒类产品除外），且单独核算又未过期的，则此项押金不应并入应税消费品的销售额征税。但是，对因逾期未收回包装物不再退还的押金和已收取1年以上的包装物押金，应并入应税消费品的销售额征收消费税。

对酒类产品生产企业销售酒类产品而收取的包装物押金（啤酒、黄酒除外），无论押金是否返还及会计上如何核算，均应并入酒类产品的销售额中征收消费税。

（3）自用未对外销售的应税消费品销售额的确定。自用未对外销售的应税消费品按其使用方向可分为两种情况，因而其应税销售额的规定也有两种情况。

1）纳税人将生产的应税消费品用于本企业连续生产应税消费品的，这种应税消费品不征税，只就最终应税消费品征税。

2）纳税人将生产的应税消费品用于连续生产应税消费品以外的其他方面，即用于生产非应税消费品和在建工程、管理部门、非生产机构、提供劳务以及用于馈赠、赞助、广告、样品、职工福利、奖励等方面。对这种用于其他方面的应税消费品，均视同对外销售，按照纳税人生产的同类消费品的销售价格纳税。没有同类消费品销售价格的，以组成计税价格作为计税销售额。组成计税价格的计算公式为：

$$组成计税价格=\frac{成本+利润}{1-消费税比例税率}$$

（4）委托加工应税消费品销售额的确定。委托加工应税消费品以受托方同类消费品的销售价格作为计税销售额；没有同类消费品销售价格的，以组成计税价格作为计税销售额。组成计税价格的计算公式为：

$$组成计税价格=\frac{材料成本+加工费}{1-消费税比例税率}$$

（5）进口应税消费品销售额的确定。进口应税消费品以组成计税价格作为计税销售额。组成计税价格的计算公式为：

$$组成计税价格=\frac{关税计税价格+关税}{1-消费税比例税率}$$

2.【解析】

纳税人将生产的应税消费品用于在建工程、管理部门、非生产机构以及用于投资、捐赠、奖励等方面，按规定缴纳的消费税，应记入有关科目。其会计分录为：

借：有关会计科目

　贷：应交税费——应交消费税

3.【解析】

纳税人没收的包装物押金，除酒类产品以外，此项押金不并入销售额计征消费税。但是，对逾期未退还的包装物押金和已收取1年以上的包装物押金，应并入应税消费品的销售额，按其税率计征消费税。其会计分录为：

借：税金及附加

　贷：应交税费——应交消费税

4.【解析】

企业委托加工应税消费品，由受托方代收代缴消费税。委托方在收回应税消费品后，用于企业连续生产应税消费品的，已扣缴的消费税准予按规定抵扣；以不高于受托方的计税价格直接出售的，不再征收消费税。在这两种情况下，委托方的账务处理是不同的，受托方的账务处理是相同的。受托方按代收代缴税款做如下会计分录：

借：应收账款（银行存款等科目）

　贷：应交税费——应交消费税

委托方的会计分录为：

（1）委托加工应税消费品收回后直接用于销售。委托加工收回后直接用于销售的应税消费品，由受托方代收代缴的消费税及应支付的加工费，一并计入委托加工应税消费品的成本。其会计分录为：

借：应交税费——应交消费税

　贷：应付账款（银行存款等科目）

（2）委托加工应税消费品收回后用于连续生产应税消费品的账务处理。委托加工应税消费品收回后用于连续生产应税消费品的，由受托方代收代缴的消费税准予按规定抵扣。委托方的会计分录为：

借：应交税费——应交消费税

　贷：应付账款（银行存款等科目）

5.【解析】

企业出口应税消费品，应区分情况进行账务处理：

（1）有出口经营权的生产性企业自营出口生产的应税消费品，免税不退税，可以不计算应缴纳消费税。

（2）有出口经营权的外贸企业购进应税消费品直接出口。

购进应税消费品时：

借：材料采购/在途物资

　　应交税费——应交增值税（进项税额）

　贷：银行存款等科目

报关出口后申请退税时：

借：其他应收款——出口退税

　贷：主营业务成本

收到出口应税消费品退回的税金时：

借：银行存款

　贷：其他应收款——出口退税

（六）综合题

1.【解析】

越野车的生产成本＝15×3＝45(万元)

应纳增值税 = 20×3×13% = 7.8(万元)

应纳消费税 = 20×3×5% = 3(万元)

会计分录为:

借:营业外支出	558 000
贷:库存商品	450 000
应交税费——应交增值税(销项税额)	78 000
应交税费——应交消费税	30 000

2.【解析】

销售产品应纳的消费税 = 80×15% = 12(万元)

销售产品应纳的增值税 = 80×13% = 10.4(万元)

$$没收押金应纳的消费税 = \frac{22\ 600}{1+13\%}\times 15\% = 3\ 000(元)$$

$$没收押金应纳的增值税 = \frac{22\ 600}{1+13\%}\times 13\% = 2\ 600(元)$$

会计分录为:

借:银行存款	904 000
贷:主营业务收入	800 000
应交税费——应交增值税(销项税额)	104 000
借:税金及附加	120 000
贷:应交税费——应交消费税	120 000
借:其他应付款	22 600
贷:其他业务收入	20 000
应交税费——应交增值税(销项税额)	2 600
借:税金及附加	3 000
贷:应交税费——应交消费税	3 000

3.【解析】

粮食白酒应纳增值税 = 1 000 000×13% = 130 000(元)

粮食白酒应纳消费税 = 20 000×2×0.5 + 1 000 000×20% = 220 000(元)

$$白酒的包装物押金应纳增值税 = \frac{56\ 500}{1+13\%}\times 13\% = 6\ 500(元)$$

$$白酒的包装物押金应纳消费税 = \frac{56\ 500}{1+13\%}\times 20\% = 10\ 000(元)$$

啤酒应纳增值税 = 2 700×300×13% = 105 300(元)

啤酒应纳消费税 = 250×300 = 75 000(元)

会计分录为:

借:银行存款	1 130 000
贷:主营业务收入	1 000 000
应交税费——应交增值税(销项税额)	130 000

借：税金及附加　220 000
　贷：应交税费——应交消费税　220 000
借：银行存款　56 500
　贷：其他应付款　40 000
　　应交税费——应交增值税（销项税额）　6 500
　　应交税费——应交消费税　10 000
借：银行存款　915 300
　贷：主营业务收入　810 000
　　应交税费——应交增值税（销项税额）　105 300
借：税金及附加　75 000
　贷：应交税费——应交消费税　75 000
借：银行存款　101 700
　贷：其他应付款　101 700

4.【解析】

（1）购买烟叶一批。

借：在途物资　150 000
　应交税费——应交增值税（进项税额）　19 500
　贷：银行存款　169 500
借：原材料　150 000
　贷：在途物资　150 000

（2）委托甲烟厂加工烟丝。

借：委托加工物资　150 000
　贷：原材料　150 000

$$甲烟厂应代收代缴消费税=\frac{150\ 000+60\ 000}{1-30\%}\times 30\%=90\ 000(元)$$

借：委托加工物资　45 000
　应交税费——应交消费税　45 000
　贷：银行存款　90 000
借：委托加工物资　60 000
　应交税费——应交增值税（进项税额）　7 800
　贷：银行存款　67 800
借：原材料　255 000
　贷：委托加工物资　255 000

（3）收回烟丝后，一半用于生产卷烟，一半用于直接销售。

$$销售烟丝应纳增值税=\frac{226\ 000}{1+13\%}\times 13\%=26\ 000(元)$$

委托方将收回的应税消费品以不高于受托方的计税价格出售的，为直接出售，不再缴纳消费税；委托方以高于受托方的计税价格出售的，不属于直接出售，需要按照规定申报缴纳消费税，在计税时准予扣除受托方已代收代缴的消费税。

$$应补缴消费税=\frac{226\ 000}{1+13\%}\times 30\%-90\ 000\times 50\%=15\ 000(元)$$

借：税金及附加　15 000
　贷：应交税费——应交消费税　15 000
借：银行存款　226 000
　贷：主营业务收入　200 000
　　应交税费——应交增值税（销项税额）　26 000

（4）销售甲类卷烟20标准箱。

$$销售卷烟应纳增值税=80\times 250\times 20\times 13\%=52\ 000(元)$$
$$销售卷烟应纳消费税=150\times 20+80\times 250\times 20\times 56\%=227\ 000(元)$$

借：银行存款　452 000
　贷：主营业务收入　400 000
　　应交税费——应交增值税（销项税额）　52 000
借：税金及附加　227 000
　贷：应交税费——应交消费税　227 000

5.【解析】

（1）发出A材料800公斤，委托某企业加工成高档化妆品。

借：委托加工物资　15 000
　贷：原材料　14 500
　　银行存款　500

（2）收回委托加工产品并支付加工费。

借：委托加工物资　3 500
　应交税费——应交增值税（进项税额）　390
　贷：银行存款　3 890

（3）收回委托加工产品后直接销售。

$$受托方代收代缴的消费税=\frac{14\ 500+3\ 000}{1-15\%}\times 15\%=3\ 088.24(元)$$

借：委托加工物资　3 088.24
　贷：银行存款　3 088.24

收回委托加工消费品：

借：原材料　21 588.24
　贷：委托加工物资　21 588.24

6.【解析】

购入货物时：

借：在途物资　3 000 000

应交税费——应交增值税（进项税额）　390 000

贷：银行存款　3 390 000

申请退税时：

借：其他应收款——应收出口退税　270 000

贷：主营业务成本　270 000

第4章 企业所得税的会计核算

一、学习目的与要求

本章重点阐述了企业所得税的确认、计量、记录与申报等所得税会计核算问题。通过本章的学习，学生应当掌握企业所得税的基本内容，明确税务会计中的所得税会计与财务会计中的所得税会计的区别与联系，明确税务会计中企业所得税的确认、计量与申报方法；理解所得税会计的基本理论、财务会计中的企业所得税会计处理方法，尤其是资产负债表债务法；重点掌握应纳税所得额的确定、暂时性差异的划分、资产负债表债务法的会计处理、纳税调整项目的调整方法、所得税纳税申报表的填制方法。

二、重点与难点

1. 企业所得税应纳税所得额的确定。

应纳税所得额是指纳税人每一个纳税年度的收入总额减去准予扣除项目金额后的余额，其计算公式为：

应纳税所得额＝收入总额－不征税收入－免税收入－各项扣除－以前年度亏损

应纳税所得额与会计利润是两个不同的概念，两者既有联系又有区别。应纳税所得额是一个税收概念，是根据《中华人民共和国企业所得税法》（以下简称《企业所得税法》）

按照一定标准确定的、纳税人在一定时期内的计税所得，包括企业来源于中国境内外的全部生产经营所得和其他所得。会计利润是一个会计核算概念，反映企业在一定时期内生产经营的财务成果。会计利润是确定应纳税所得额的基础，但不能等同于应纳税所得额。企业按照财务会计制度的规定计算出的会计利润，在根据税法规定做相应的调整后，才能作为企业的应纳税所得额。

2. 企业所得税的会计处理方法。

在采用资产负债表债务法核算企业所得税的情况下，企业一般应于每一资产负债表日进行所得税的核算。企业在合并等特殊交易或事项发生时，在确认因交易或事项取得的资产、负债时，应确认相关的企业所得税影响。

(1) 直接法。按照税法规定的范围和标准，确定法定收入和税法允许扣除的成本、费用、损失的金额，然后据以计算应纳税所得额，进而计算应纳所得税的方法。

应纳税所得额＝收入总额－准予扣除项目金额

＝收入总额－不征税收入－免税收入－各项扣除金额－弥补亏损

(2) 间接法。在分析财务会计核算资料中与税法规定不符的收入和成本、费用、损失等项目及其金额后，将会计利润调整为应纳税所得额，进而计算应纳所得税的方法。

应纳税所得额＝会计利润总额＋纳税调增项目－纳税调减项目

3. 暂时性差异的划分。

暂时性差异是指因资产、负债的账面价值与其计税基础不同而产生的差异。因资产、负债的账面价值与其计税基础不同，产生了在未来收回资产或清偿负债的期间，应纳税所得额增加或减少并导致未来期间应交所得税增加或减少的情况，形成企业的资产和负债。在有关暂时性差异发生当期，在符合确认条件的情况下，应当确认相关的递延所得税负债或递延所得税资产。

按照暂时性差异对未来期间应税金额的影响，暂时性差异可分为应纳税暂时性差异和可抵扣暂时性差异。除因资产、负债的账面价值与其计税基础不同而产生的暂时性差异以外，按照税法的规定可以结转以后年度的未弥补亏损和税款抵减，也视同可抵扣暂时性差异处理。

(1) 应纳税暂时性差异。应纳税暂时性差异是指在确定未来收回资产或清偿负债期间的应纳税所得额时，将导致产生应税金额的暂时性差异。

应纳税暂时性差异通常产生于以下情况：一是资产的账面价值大于其计税基础。资产的账面价值代表的是企业在持续使用或最终出售该项资产时将取得的经济利益总额，而计税基础代表的是资产在未来期间可予税前扣除的总金额。当资产的账面价值大于其计税基础时，该项资产未来期间产生的经济利益不能在税前全部抵扣，两者之间的差额需要交税，由此产生应纳税暂时性差异。例如，一项资产的账面价值为450万元，计税基础为400万元，两者之间的差额会造成未来期间应交企业所得税的增加，所以在其产生当期应确认相关的递延所得税负债。二是负债的账面价值小于其计税基础。负债的账面价值为企业预计在未来期间清偿该项负债时的经济利益流出，而其计税基础代表的是账面价值在扣除税法规定未来期间允许税前扣除金额之后的差额。负债的账面价值小于其计税基础，表示该项负债在未来期间可以税前扣除的金额为负数，即应在未来期间应纳税所得额的基础上调增，增加未来期间的应纳税所得额和应交企业所得税金额，产生应纳税暂时性差异，所以在其产生当期应确认相关递延所得税负债。

（2）可抵扣暂时性差异。可抵扣暂时性差异是指在确定未来收回资产或清偿负债期间的应纳税所得额时，将导致产生可抵扣金额的暂时性差异。

可抵扣暂时性差异一般产生于以下情况：一是资产的账面价值小于其计税基础。当资产的账面价值小于其计税基础时，意味着资产在未来期间产生的经济利益少，按照税法规定允许税前扣除的金额多，两者之间的差额可以减少企业在未来期间的应纳税所得额并减少应交企业所得税，所以在其产生当期应当确认相关的递延所得税资产。例如，一项资产的账面价值为600万元，计税基础为680万元，则未来期间应纳税所得额和应交企业所得税会减少，形成可抵扣暂时性差异。二是负债的账面价值大于其计税基础。负债的账面价值大于其计税基础，意味着未来期间按照税法的规定，与负债相关的全部或部分支出可以自未来应税经济利益中扣除，减少未来期间的应纳税所得额和应交企业所得税。在符合有关确认条件时，应确认相关的递延所得税资产。

（3）特殊项目产生的暂时性差异。特殊项目产生的暂时性差异是指未作为资产、负债确认的项目产生的暂时性差异。某些交易或事项发生以后，因为不符合资产、负债的确认条件而未体现为资产负债表中的资产或负债，但按照税法的规定能够确定其计税基础的，其账面价值与计税基础之间的差异也构成暂时性差异。企业发生的符合条件的广告费和业务宣传费支出（除另有规定外）不超过当年销售收入15%的部分，准予扣除；超过的部分准予在以后纳税年度结转扣除。该类费用在发生时按照会计准则规定应计入当期损益，不形成资产负债表中的资产，但按照税法的规定可以确定其计税基础，两者之间的差异也形成暂时性差异。

（4）未弥补亏损及税款抵减产生的暂时性差异。按照税法的规定可以结转以后年度的未弥补亏损及税款抵减，虽不是因资产、负债的账面价值与计税基础不同产生的，但与可抵扣暂时性差异具有同样的作用，均能减少未来期间的应纳税所得额，进而减少未来期间的应交企业所得税，其在会计处理上视同可抵扣暂时性差异。在符合条件的情况下，应确认与其相关的递延所得税资产。例如，A公司于2011年发生亏损1 000万元，按照税法的规定，该亏损可用于抵减以后5个年度的应纳税所得额。该亏损不是因资产、负债的账面价值与其计税基础不同产生的，但从性质上看，它可以减少未来期间的应纳税所得额和应交企业所得税，属于可抵扣暂时性差异。企业预计未来期间能够产生足够的应纳税所得额并希望利用该可抵扣的亏损时，应确认相关的递延所得税资产。

4. 纳税调整项目的调整方法。

首先，特别纳税调整的原则。

独立交易原则，又称公平独立原则、公平交易原则、正常交易原则等，是指完全独立的无关联关系的企业或个人，根据市场的计价标准或价格来处理相互之间的收入和费用分配的原则。独立交易原则有以下两层内涵：①企业与其关联方之间的业务往来，不符合独立交易原则而减少企业或其关联方应纳税收入或者所得额的，税务机关有权按照合理方法调整；②企业与其关联方共同开发、受让无形资产，或者共同提供、接受劳务发生的成本，在计算应纳税所得额时应当按照独立交易原则进行分摊。企业与其关联方分摊成本时违反本条规定的，其自行分摊的成本不得在计算应纳税所得额时扣除。

预约定价原则是指企业可以向税务机关提出与其关联方之间业务往来的定价原则和计算方法，税务机关与企业协商、确认后，达成预约定价安排。转让定价存在税收风险，预约定价可以降低关联交易的税收风险。

反资本弱化原则是指企业从其关联方接受的债权性投资与权益性投资的比例超过规定标准而发生的利息支出，不得在计算应纳税所得额时扣除。《企业所得税法》中的债权性投资是指企业从关联方获得的、需要偿还本金和支付利息或者需要以其他具有利息性质的方式予以补偿的融资。资本弱化是指企业通过改变资本结构（股权与债权的比例），利用债务利息可以在企业所得税前扣除的规定，实现税收负担最小化的目的。

一般反避税原则是指企业实施其他不具有合理商业目的的安排，而减少其应纳税收入或者所得额的，税务机关有权按照合理方法调整。具体而言，“不具有合理商业目的的安排”应同时满足以下三个条件：一是必须存在一个安排，是指人为规划的一个或一系列行动或交易；二是企业必须从该安排中获取“税收利益”，即减少企业的应纳税收入或者所得额；三是企业将获取税收利益作为其从事某安排的唯一或主要目的。满足以上三个条件，则可断定该安排已经构成了避税事实。对于“安排”是否构成避税事实是采用商业目的来判断的，看企业是否主要出于商业目的而从事交易。如果一个或一系列安排的主要目的是获得税收利益而不是出于商业目的，那么在考虑各项因素后，经过合理推断，则可断定该安排构成了避税事实。

其次，具体项目的纳税调整方法。

（1）金融资产。企业应当根据其管理金融资产的业务模式和金融资产的合同现金流量特征，将金融资产划分为以下三类：①以摊余成本计量的金融资产；②以公允价值计量且其变动计入其他综合收益的金融资产；③以公允价值计量且其变动计入当期损益的金融资产。以上三类金融资产不包括长期股权投资（即企业对外能够形成控制、共同控制和重大影响的股权投资）以及货币资金（即现金、银行存款、其他货币资金）。

第一，以摊余成本计量的金融资产。对于以摊余成本计量的金融资产，按照会计准则的规定，应当按照公允价值计量，并将其与相关交易费用之和作为初始入账金额。在税法中，投资资产按照以下方法确定成本：①通过支付现金方式取得的投资资产，以购买价款为成本；②通过支付现金以外的方式取得的投资资产，以该资产的公允价值和支付的相关税费为成本。在取得利息收入时，按照会计准则的规定，应当采用实际利率法，按摊余成本计量，即按照摊余成本和实际利率计算确认利息收入，计入投资收益。按照税法的规定，利息收入按照合同约定的债务人应付利息的日期确认收入的实现。在金融资产终止确认时，会计准则是将终止时其转让收入与账面价值的差额确认为投资收益。在税法中，企业转让或者处置投资资产时，投资资产的成本（计税基础）准予扣除。

第二，以公允价值计量且其变动计入其他综合收益的金融资产。企业应当设置“其他债权投资”科目来核算以公允价值计量且其变动计入其他综合收益的金融资产。

在初始计量时，企业应按公允价值计量，并将相关交易费用计入初始确认金额。在取得利息时，按照会计准则的规定，应当计入其他综合收益；按照税法的规定，应按照合同约定的债务人应付利息的日期确认收入的实现。当发生公允价值变动时，按照会计准则的规定，是在资产负债表日将该类金融资产的公允价值与其账面余额的差额计入“其他综合收益”科目；按照税法的规定，企业持有各项资产期间产生的资产增值或者减值，除国务院财政、税务主管部门规定可以确认的损益外，不得调整该资产的计税基础。当发生资产减值时，按照会计准则的规定，应计入当期损益，在“其他综合收益”中确认损失准备，而不应减少其在资产负债表中列示的账面价值，并将减值利得或损失计入当期损益；在这种情况下，税法的处理与公允价值变动时相同。当金融资产终止确认时，按照会计准则的规定，应将其处置收入与账面余额调整至“其他综合收益”。按照税法的规定，投资资产的成本（计税基础）准予扣除。

权益工具投资的合同现金流量评估一般不符合基本借贷安排，因此只能分类为以公允价值计量且其变动计入当期损益的金融资产。然而，在初始确认时，企业可以将非交易性权益工具投资指定为以公允价值计量且其变动计入其他综合收益的金融资产，并按规定确认股利收入。该决定一经做出，不得撤销。企业投资其他上市公司股票或者非上市公司股权的，都可能属于这种情形。该类金融资产通过“其他权益工具投资”科目核算。

第三，以公允价值计量且其变动计入当期损益的金融资产。企业应当设置“交易性金融资产”科目来核算以公允价值计量且其变动计入当期损益的金融资产。企业持有的以公允价值计量且其变动计入当期损益的金融负债，也通过此科目核算。

按照会计准则的规定，以公允价值计量且其变动计入当期损益的金融资产在初始确认时，应按公允价值计量，并将相关交易费用直接计入当期损益。在资产负债表日，企业应将以公允价值计量且其变动计入当期损益的金融资产的公允价值变动计入当期损益。在处置该金融资产时，其公允价值与初始入账金额之间的差额应确认为投资收益，同时调整公允价值变动损益。按照税法的规定，企业以公允价值计量的金融资产、金融负债以及投资性房地产等，在持有期间的公允价值变动不计入应纳税所得额，在实际处置或结算时，处置取得的价款扣除其历史成本后的差额应计入处置或结算期间的应纳税所得额。税法与会计准则对此的不同规定，造成在公允价值变动的情况下，以公允价值计量的金融资产的账面价值与计税基础之间产生了差异。

（2）存货。存货是指企业在日常活动中持有以备出售的产成品或商品，处在生产过程中的在产品，在生产过程或提供劳务过程中耗用的材料、物资等。

企业取得存货，应当按照成本进行计量。存货成本包括采购成本、加工成本和其他成本三个组成部分。

企业在确定发出存货的成本时，可以采用先进先出法、加权平均法和个别计价法。计价方法一经选用，不得随意变更。

根据会计准则的规定，在资产负债表日，存货应当按照成本与可变现净值孰低计量。当存货成本低于可变现净值时，存货按成本计量；当存货成本高于可变现净值时，存货按可变现净值计量，同时按照成本高于可变现净值的差额计提存货跌价准备，计入当期损益。可变现净值是指在日常活动中，存货的估计价值减去至完工时估计将要发生的成本、估计的销售费用以及相关税费后的金额。而根据税法的规定，存货计提的跌价准备是不计入应纳税所得额的。

（3）长期股权投资。长期股权投资是指投资企业能够对被投资企业实施控制（或共同控制）、具有重大影响的权益性投资，主要包括：①投资企业能够对被投资单位实施控制的权益性投资，即对子公司投资；②投资企业与其他合营方一同对被投资单位实施共同控制的权益性投资，即对合营企业投资；③投资企业对被投资单位具有重大影响的权益性投资，即对联营企业投资；④投资企业持有的对被投资单位不具有共同控制或重大影响，并且在活跃市场中没有报价、公允价值不能可靠计量的权益性投资。

1）长期股权投资的初始投资成本计量。在取得长期股权投资时，应按初始投资成本入账。长期股权投资的初始投资成本应区分企业合并和非企业合并两种情况确定。

第一，企业合并形成的长期股权投资。对于企业合并形成的长期股权投资，在确定初始投资成本时应分清企业合并的类型，先区分是同一控制下的控股合并，还是非同一控制下的控股合并，然后确定形成长期股权投资的初始投资成本。由于该形式下的长期股权投资的初始成本核算与税法要求一致，因此不需要做纳税调整。

A. 同一控制下企业合并形成的长期股权投资。合并方通过企业合并形成的对被合并方的长期股权投资，其成本代表的是在被合并方所有者权益账面价值中享有的份额，应当在合并日按照取得的被合并方所有者权益账面价值的份额作为长期股权投资的初始投资成本。企业应根据长期股权投资的初始投资成本与支付的现金、转让的非现金资产及所承担债务的账面价值、所发行股份面值总额之间的差额，调整资本公积；资本公积不足冲减的，调整留存收益。

B. 非同一控制下企业合并形成的长期股权投资。在这种情况下，长期股权投资的初始成本为企业合并成本，即购买方付出的资产、发生或承担的负债、发行的权益性证券的公允价值以及为进行企业合并发生的各项相关费用之和。

第二，通过企业合并以外的其他方式取得的长期股权投资。

A. 以支付现金方式取得的长期股权投资，应当以实际支付的购买价款作为长期股权投资的初始投资成本，包括购买过程中支付的手续费等必要支出。

B. 以发行权益性证券方式取得的长期股权投资，其成本为所发行权益性证券的公允价值。为发行权益性证券支付给有关证券承销机构的手续费、佣金等与权益性证券发行直接相关的费用，不构成取得长期股权投资的成本，这部分费用应自权益性证券的溢价发行收入中扣除；权益性证券的溢价发行收入不足冲减的，应冲减盈余公积和未分配利润。

2）长期股权投资的后续核算。按照会计准则的规定，长期股权投资在持有期间，应根据投资企业对被投资单位的影响程度及是否存在活跃市场、公允价值能否可靠取得等进行划分，应当分别采用成本法及权益法进行核算。

第一，成本法的会计核算及纳税调整。如果投资单位能够对被投资单位实施控制，则需要采用成本法进行核算。

A. 成本法的核算。初始投资或追加投资时，按照初始投资或追加投资时的成本增加长期股权投资的账面价值；除取得投资时实际支付的价款或对价中包含的已宣告但尚未发放的现金股利或利润外，投资企业应当按照被投资单位宣告发放的现金股利或利润确认投资收益，不管该利润分配是对取得投资前还是取得投资后被投资单位实现净利润的分配。

投资企业在确认自被投资单位应分得的现金股利或利润后，应当考虑有关长期投资是否发生减值。可收回金额低于长期股权投资账面价值的，应当计提减值准备。

B. 纳税调整。根据税法的规定，长期股权投资按历史成本计价，因此所抵减的初始投资成本应进行计税基础调整，同时调整应确认的投资收益，即税法上应确认的投资收益为投资企业当年获得的利润或现金股利。由于该部分投资收益免税，不影响应纳税所得额，因此根据会计准则的规定可以不确认递延所得税资产。

第二，权益法的会计核算及纳税调整。权益法是指投资以初始投资成本计量后，在投资持有期间根据投资企业享有被投资单位所有者权益的份额变动对投资的账面价值进行调整的方法。

投资企业对被投资单位具有共同控制或重大影响的长期股权投资，即对合营企业投资及对联营企业投资，应当采用权益法核算。

投资企业取得对联营企业或合营企业的投资以后，对于取得投资时投资成本与应享有被投资单位可辨认净资产公允价值份额之间的差额，应区别情况分别处理：初始投资成本大于取得投资时应享有被投资单位可辨认净资产公允价值份额的，两者之间的差额不要求对长期投资的成本进行调整；反之，该差额计入取得投资当期的营业外收入，同时调增长期股权投资的账面价值。

对于投资企业取得的长期股权投资，会计准则规定，需要按照应享有或应分担被投资单位实现净利润或发生净亏损的份额，调整长期股权投资的账面价值，并确认为当期投资损益。投资企业自被投资企业取得现金股利或利润，应抵减长期股权投资的账面价值。

税法规定股息、红利等权益性投资收益，按照被投资方做出利润分配决定的日期确认收入的实现。其投资收益的计税金额按照分配决定确定。

（4）固定资产。

1）固定资产的计税基础及纳税调整。固定资产的计税基础与会计准则规定的固定资产的计价原则相同。根据《中华人民共和国企业所得税法实施条例》第五十八条的规定，固定资产按照以下方法确定计税基础：

第一，外购的固定资产，以购买价款和支付的相关税费为计税基础。

第二，自行建造的固定资产，以竣工结算前发生的支出为计税基础。

第三，融资租入的固定资产，以租赁合同约定的付款总额和承租人在签订租赁合同过程中发生的相关费用为计税基础；租赁合同未约定付款总额的，以该资产的公允价值和承租人在签订租赁合同过程中发生的相关费用为计税基础。

第四，盘盈的固定资产，以同类固定资产的重置完全价值为计税基础。

第五，通过捐赠、投资、非货币性资产交换、债务重组等方式取得的固定资产，以该资产的公允价值和支付的相关税费为计税基础。

第六，改建的固定资产，以改建过程中发生的改建支出增加计税基础。

2）固定资产的折旧年限及纳税调整。税法规定的固定资产折旧年限与会计准则规定的不同。按照会计准则的规定，企业可以根据其所处的经济环境、技术环境以及其他环境的变化，确定固定资产的使用寿命，并且每年进行复核。如果固定资产的使用寿命预计数与原先估计数有差异，应当调整固定资产的使用寿命。在计算应交企业所得税时，企业应根据税法规定的年限对会计核算的折旧数额进行纳税调整。

3）固定资产减值准备产生的差异及纳税调整。在企业持有固定资产的期间，若企业对固定资产计提了减值准备，因税法规定企业计提的减值准备在发生实质性损失前不允许税前扣除，这样会造成固定资产的账面价值与计税基础的差异。

（5）无形资产。

1）研发形成的无形资产。在无形资产初始确认时，按照会计准则确定的入账价值与按照税法确定的计税成本之间一般不存在差异。无形资产的差异主要产生于研发形成的无形资产以及使用寿命不确定的无形资产。

《中华人民共和国企业所得税法实施条例》第九十五条规定：企业为开发新技术、新产品、新工艺发生的研究开发费用，未形成无形资产计入当期损益的，在按照规定据实扣除的基础上，按照研究开发费用的50%加计扣除；形成无形资产的，按照无形资产成本的150%摊销。《关于提高科技型中小企业研究开发费用税前加计扣除比例的通知》（财税[2017] 34号）规定：科技型中小企业开展研发活动中实际发生的研发费用，未形成无形资产计入当期损益的，在按规定据实扣除的基础上，在2017年1月1日至2019年12月31日期间，再按照实际发生额的75%在税前加计扣除；形成无形资产的，在上述期间按照无形资产成本的175%在税前摊销。

由于加计摊销而形成的差异不确认有关暂时性差异的企业所得税影响。

2）后续计量与减值准备差异。会计准则规定：企业应根据无形资产的使用寿命情况，将无形资产区分为使用寿命有限的无形资产与使用寿命不确定的无形资产。对于源自合同性权利或其他法定权利的无形资产，其使用寿命不应超过合同性权利或其他法定权利的期限；没有明确的合同或法律规定的无形资产，企业应当综合各方面的情况来确定其使用寿命。无形资产的摊销方法包括直线法、生产总量法等。《中华人民共和国企业所得税法实施条例》第六十七条规定：无形资产按照直线法计算的摊销费用，准予扣除。无形资产的摊销年限不得低于10年。作为投资或者受让的无形资产，有关法律规定或者合同约定了使用年限的，可以按照规定或者约定的使用年限分期摊销。外购商誉的支出，在企业整体转让或者清算时，准予扣除。当税法规定的摊销年限、摊销方法与会计准则确定的使用寿命及摊销方法不一致时，需要在计算企业所得税时做纳税调整。

对于使用寿命不确定的无形资产，不要求摊销，但在持有期间，每年应进行减值测试。税法规定：企业取得的无形资产（外购商誉除外）成本应在一定期限内摊销。对于使用寿命不确定的无形资产，会计处理时不予摊销，但计税时按照税法的规定确定的摊销额允许税前扣除，这就造成该类无形资产账面价值与计税基础的差异。

在对无形资产计提减值准备的情况下，因税法规定计提的无形资产减值准备在转变为实质性损失前不允许税前扣除，即无形资产的计税基础不会随减值准备的提取发生变化，从而造成无形资产的账面价值与计税基础的差异。对由此形成的暂时性差异，在计算企业所得税时应做纳税调整。

(6) 投资性房地产。投资性房地产是指为赚取租金或资本增值，或者两者兼有而持有的房地产。投资性房地产包括已出租的土地使用权、持有并准备增值后转让的土地使用权以及已出租的建筑物。

根据会计准则的规定，投资性房地产的后续计量通常应采用成本模式，只有在满足特定条件的情况下才可以采用公允价值模式，即企业有确凿证据表明其投资性房地产的公允价值能够持续可靠取得的，可以采用公允价值模式进行后续计量。采用成本模式进行后续计量的投资性房地产，按期（月）计提折旧或摊销；采用公允价值模式进行后续计量的，不计提折旧或摊销，应当以资产负债表日的公允价值计量。

采用成本模式对企业持有的投资性房地产进行后续计量的，其账面价值与计税基础的确定与固定资产、无形资产相同，不需要做纳税调整；采用公允价值模式对企业持有的投资性房地产进行后续计量的，其计税基础的确定类似于固定资产或无形资产计税基础的确定，需要在计算企业所得税时做相应的纳税调整。

(7) 特殊销售方式。

1）分期收款销售商品。根据会计准则的规定，如果延期收取的货款具有融资性质，即其实质是企业向购货方提供的免息信贷，企业应当按照应收的合同（或协议）价款的公允价值确定收入金额。应收的合同（或协议）价款的公允价值，通常应当按照其未来现金流量现值或商品现销价格计算确定。应收的合同（或协议）价款与其公允价值之间的差额，应当在合同或协议期间，按照应收款项的摊余成本和实际利率计算确定的金额进行摊销，冲减财务费用。其中，实际利率是指具有类似信用等级的企业发行类似工具的现时利率，或者将应收的合同（或协议）价款折现为商品现销价格时的折现率等。如果应收的合同（或协议）价款与其公允价值之间的差额，按照实际利率法摊销与按照直线法摊销的结果相差不大，也可以采用直线法进行摊销。

根据税法的规定，企业应当按照已收或应收的合同（或协议）价款确定销售货物收入。企业采取分期收款方式销售货物的，按照合同约定的收款日期确认收入的实现。在计算企业所得税时，对于按公允价值确定的收入与按合同（或协议）价款确定的收入之间的差额，需要进行纳税调整。

2）附有销售退回条件的商品销售。根据会计准则的规定，附有销售退回条件的商品销售是指购买方依照有关协议有权退货的销售方式。在这种销售方式下，企业根据以往经验能够合理估计退货可能性且确认与退货相关的负债的，通常应在发出商品时确认收入；企业不能合理估计退货可能性的，通常应在售出商品退货期满时确认收入。根据税法的规定，企业不管是否存在退货的可能性，均应在发出商品时确认收入，对已经确认销售货物收入的售出货物发生销售退回的，应当在发生时冲减当期销售货物收入。企业在计算企业所得税时应根据税法的规定做相应的纳税调整。

3）售后回购与售后租回。售后回购是指在销售商品时，销售方同意日后再将同样商品购回的销售方式。根据会计准则的规定，在通常情况下的售后回购交易属于融资交易，商品所有权上的主要风险和报酬没有转移，收到的款项应确认为负债；回购价格大于原售价的差额，企业应在回购期间按期计提利息，计入财务费用。有确凿证据表明售后回购交易满足销售商品收入确认条件的，销售的商品按售价确认收入，回购的商品作为购买商品处理。根据税法的规定，采用售后回购方式销售商品的，销售的商品按售价确认收入，回购的商品作为购进商品处理。有证据表明不符合销售收入确认条件的，如以销售商品方式进行融资，收到的款项应确认为负债，回购价格大于原售价的，差额应在回购期间确认为利息费用。

售后租回是指在销售商品时，销售方同意在日后再将同样商品租回的销售方式。在这种方式下，销售方应根据合同（或协议）条款判断销售商品是否满足收入确认条件。根据会计准则的规定，在通常情况下的售后租回属于融资交易，企业保留了与所有权相联系的继续管理权，或能够对其实施有效控制，企业不应确认收入，收到的款项应确认为负债；售价与资产账面价值之间的差额应当采用合理的方法进行分摊，作为折旧费用或租金费用的调整。有确凿证据表明认定为经营租赁的售后租回交易是按照公允价值达成的，销售的商品按照售价确认收入，并按账面价值结转成本。

(8) 或有事项。或有事项是指过去的交易或者事项形成的，其结果需要由某些未来事项的发生或不发生才能决定的不确定事项。根据会计准则的规定，或有事项形成的或有资产只在企业确定能够收到的情况下，才转变为真正的资产，从而予以确认。与或有事项有关的义务应当在同时符合以下三个条件时确认为负债，作为预计负债进行确认和计量：①该义务是企业承担的现时义务；②履行该义务很可能导致经济利益流出企业；③该义务的金额能够可靠地计量。预计负债应当按照履行相关现时义务所需支出的最佳估计数进行初始计量。

按照或有事项准则的规定，企业对于预计提供售后服务将发生的支出在满足有关确认条件时，销售当期就应确认为费用，同时确认预计负债。税法规定，与销售产品相关的支出应于发生时进行税前扣除。

(9) 非货币性资产。

1）以公允价值计量的会计处理。非货币性资产交换具有商业实质且公允价值能够可靠计量的，应当以换入资产的公允价值和应支付的相关税费作为换入资产的初始计量，除非有确凿证据表明换出资产的公允价值比换入资产的公允价值更加可靠。

在以公允价值计量的情况下，不论是否涉及补价，只要换出资产的公允价值与其账面价值不同，就一定会涉及损益的确认。第一，换出资产为存货的，应当视同销售处理，按照公允价值确认销售收入，同时结转销售成本。第二，换出资产为固定资产、无形资产的，换出资产公允价值和换出资产账面价值的差额，计入资产处置损益。第三，换出资产为投资性房地产、长期股权投资的，换出资产公允价值和换出资产账面价值的差额，计入投资收益。

2）以换出资产账面价值计量的会计处理。非货币性资产交换不具有商业实质，或者虽然具有商业实质但换入资产和换出资产的公允价值均不能可靠计量的，应当以换出资产的账面价值为基础确定换入资产的成本，无论是否支付补价，均不确认损益。

3）涉及多项非货币性资产交换的会计处理。非货币性资产交换涉及多项资产的情况包括：企业以一项非货币性资产换入另一企业的多项非货币性资产，或同时以多项非货币性资产换入另一企业的一项非货币性资产，或以多项非货币性资产同时换入多项非货币性资产，也可能涉及补价。对于各项换入资产的成本，应当按照各项换入资产的公允价值占换入资产公允价值总额的比例，对换入资产的总成本进行分配，确定各项换入资产的成本。

(10) 债务重组。

1）以资产偿还债务方式进行的债务重组。在债务重组中，企业以资产清偿债务的，通常包括以现金清偿债务和以非现金清偿债务等方式。以资产清偿债务方式下的会计处理和税务处理一致，企业不需要再进行企业所得税纳税调整。

2）以债务转换为资本方式进行的债务重组。债务人应当将重组债务的账面价值与债权人因放弃债权而享有的股权公允价值的差额，确认为债务重组所得，计入当期应纳税所得额；债权人应当将享有的股权公允价值确认为该项投资的计税成本。

《企业会计准则第12号——债务重组》规定：将债务转为资本的，债务人应当将债权人放弃债权而享有股份的面值总额确认为股本（或者实收资本），股份的公允价值总额与股本（或者实收资本）之间的差额确认为资本公积，重组债务的账面价值与股份的公允价值总额之间的差额，计入当期损益；债权人应当将享有股份的公允价值确认为对债务人的投资，重组债权的账面余额与股份的公允价值之间的差额，比照以现金清偿债务的规定处理。

3）以修改其他条件进行的债务重组。以修改其他债务条件进行的债务重组包括延长债务偿还期限、延长债务偿还期限并加收利息、延长债务偿还期限并减少债务本金或债务利息等。根据税法的规定，以修改其他条件进行债务重组的，债务人应当将重组债务的计税成本减记至将来的应付金额，减记的金额确认为当期的债务重组所得；债权人应当将债权的计税成本减记至将来的应收金额，减记的金额确认为当期的债务重组损失。

《企业会计准则第 12 号——债务重组》规定，以修改其他债务条件进行债务重组的，债务人应当将修改其他债务条件后债务的公允价值作为重组后债务的入账价值。重组债务的账面价值与重组后债务的入账价值之间的差额，计入当期损益；债权人应当将修改其他债务条件后的债权的公允价值作为重组后债权的账面价值，重组债权的账面价值与重组后债权的账面价值之间的差额，比照以现金清偿债务的规定处理。

4）以混合方式清偿债务。在以混合方式清偿债务的情况下，企业要按照规定的顺序进行会计处理，并参照前三种方式的企业所得税纳税调整确认债权重组企业的企业所得税应纳税所得额。

5. 所得税费用的确认和计量。

在用资产负债表债务法核算的情况下，利润表中的所得税费用包括当期所得税费用和递延所得税费用两部分。

（1）当期所得税费用。当期所得税费用是指企业按照税法的规定计算确定的，针对当期发生的交易和事项应缴纳给税务部门的企业所得税金额，即当期应交企业所得税。在一般情况下，应纳税所得额可在会计利润的基础上，考虑会计与税法之间的差异，按照以下公式计算确定：

$$\text{应纳税所得额}=\text{会计利润}\pm\text{按税法纳税调整项目金额}\pm\text{其他需要调整金额}$$

（2）递延所得税费用。递延所得税费用是指按照会计准则的规定当期应予确认的递延所得税资产和递延所得税负债金额。其计算公式如下：

$$\begin{matrix}\text{递延}\\\text{所得税}\end{matrix}=\left(\begin{matrix}\text{期末递延}\\\text{所得税负债}\end{matrix}-\begin{matrix}\text{期初递延}\\\text{所得税负债}\end{matrix}\right)-\left(\begin{matrix}\text{期末递延}\\\text{所得税资产}\end{matrix}-\begin{matrix}\text{期初递延}\\\text{所得税资产}\end{matrix}\right)$$

（3）所得税费用。计算确定了当期所得税费用及递延所得税费用以后，利润表中应予确认的所得税费用为两者之和，即

$$\text{所得税费用}=\text{当期所得税费用}+\text{递延所得税费用}$$

6. 资产负债表债务法的具体操作。

资产负债表债务法是对暂时性差异进行跨期核算的会计方法。由于暂时性差异源于资产和负债的账面价值与计税基础之差，因而资产负债表债务法是从资产负债表出发的，所以核算的递延所得税资产和递延所得税负债必然符合资产和负债的定义。

资产负债表债务法的核算程序如下：

（1）计算当期应缴纳的企业所得税。

（2）确定资产、负债的账面价值和计税基础。

（3）比较资产、负债的账面价值和计税基础，确定暂时性差异。

（4）根据暂时性差异的情况，确定本期递延所得税资产和递延所得税负债的期末余额，并根据期初余额情况做相应的会计处理。

三、关键术语

资产负债观：资产负债观直接从资产和负债的角度确认与计量企业的收益，认为收益是企业期初净资产和期末净资产比较的结果，这种计量收益的方法又称财产法。该方法强调经济交易的实质，要求在交易发生时弄清该交易或事项产生的相关资产和负债或者其对相关资产和负债造成的影响，然后根据资产和负债的变化来确认收益。

收入费用观：收入费用观是指直接从收入和费用的角度来确认与计量企业的收益，认为收益是收入与费用相配比的结果，这种计量收益的方法又称收益表法。该方法主张以交易为中心，强调收益的确定要符合权责发生制原则、配比原则、历史成本原则和稳健性原则。

资产负债表债务法：资产负债表债务法是从暂时性差异产生的本质出发，分析暂时性差异产生的原因及其对期末资产负债表的影响。其特点是：当税率变动或税基变动时，必须按预期税率对“递延所得税负债”和“递延所得税资产”科目的余额进行调整。也就是说，首先确定资产负债表中的期末递延所得税资产（负债），然后倒挤出利润表项目当期所得税费用。其计算公式如下：

所得税费用＝当期所得税＋递延所得税费用

暂时性差异：暂时性差异是指资产、负债的账面价值与其计税基础不同产生的差异。按照暂时性差异对未来期间应税金额的影响，暂时性差异可分为应纳税暂时性差异和可抵扣暂时性差异。

应纳税暂时性差异：应纳税暂时性差异是指在确定未来收回资产或清偿负债期间的应纳税所得额时，将导致产生应税金额的暂时性差异。

可抵扣暂时性差异：可抵扣暂时性差异是指在确定未来收回资产或清偿负债期间的应纳税所得额时，将导致产生可抵扣应税金额的暂时性差异。

递延所得税负债：递延所得税负债是指资产的账面价值大于其计税基础或负债的账面价值小于其计税基础会产生应纳税暂时性差异，形成递延所得税负债。

递延所得税资产：递延所得税资产是指资产的账面价值小于其计税基础或负债的账面价值大于其计税基础会产生可抵扣暂时性差异，形成递延所得税资产。

计税基础：计税基础是指企业在资产负债表日，根据税法的规定，为计算应交企业所得税所确认的资产（负债）价值。

四、习题与答案

（一）术语解释

1. 企业所得税
2. 居民企业
3. 非居民企业
4. 计税基础
5. 应纳税暂时性差异
6. 可抵扣暂时性差异
7. 资产负债表债务法

（二）填空题

1. 企业所得税的征税对象是企业的____、____和____。

2. 企业所得税的基本税率为____，低税率为____。

3. 企业所得税的计税依据是____。它是纳税人每一纳税年度的____减去____后的余额。

4. 纳税人的工会经费、职工福利费、职工教育经费，分别按照工资、薪金总额的____、____、____计算扣除。

5. 企业发生的公益性捐赠，在年度利润总额____以内的部分准予扣除。

6. 纳税人应纳税所得额的计算，以____和____为原则。

7. 缴纳企业所得税，按年计算，分月或者分季预交，年度终了后____内汇算清缴，多退少补。

8. 国务院批准的高新技术产业开发区内的高新技术企业减按____%的税率征收企业所得税。

（三）单项选择题

1. 根据《企业所得税法》的规定，依照外国（地区）法律成立且实际管理机构不在中国境内，但在中国境内设立机构、场所的，或者在中国境内未设立机构、场所，但有来源于中国境内所得的企业，是（ ）。

A. 本国企业　　B. 外国企业　　C. 居民企业　　D. 非居民企业

2. 根据《企业所得税法》的规定，依法在中国境内成立，或者依照外国（地区）法律成立但实际管理机构在中国境内的企业，是（ ）。

A. 本国企业　　B. 外国企业　　C. 居民企业　　D. 非居民企业

3. 以下按照10%的税率征收企业所得税的企业有（ ）。

A. 在中国境内的居民企业

B. 在中国境内设有机构、场所且取得的所得与机构、场所有关联的非居民企业

C. 在中国境内设有机构、场所，但取得的所得与机构、场所没有实际联系的居民企业

D. 在中国境内未设立机构、场所的非居民企业

4. 国家需要重点扶持的高新技术企业，减按（ ）的税率征收企业所得税。

A. 10%　　B. 12%　　C. 15%　　D. 20%

5. 企业发生的公益性捐赠支出，在年度利润总额（ ）以内的部分，准予在计算应纳税所得额时扣除。

A. 10%　　B. 12%　　C. 15%　　D. 20%

6. 美国微软公司在中国设立分支机构，其来源于中国境内的所得缴纳企业所得税的税率是（ ）。

A. 20%　　B. 25%　　C. 30%　　D. 33%

7. 企业应当自年度终了之日起（ ）个月内，向税务机关报送年度企业所得税纳税申报表，并汇算清缴，结清应缴应退税款。

A. 3　　B. 4　　C. 5　　D. 6

8. 扣缴义务人每次代扣的税款，应当自代扣之日起（ ）内缴入国库，并向所在地的税务机关报送扣缴企业所得税报告表。

A. 3日　　B. 5日　　C. 7日　　D. 10日

9. 某企业于当年销售了前年积压的一批货物，如何对这批货物计税，有以下不同意见，你认为哪种意见是正确的？（ ）

A. 按照规定不计算存货成本，也不准予在计算应纳税所得额时扣除

B. 按照规定计算存货成本，但不准予在计算应纳税所得额时扣除

C. 按照规定计算存货成本，准予在计算应纳税所得额时扣除

D. 以上意见都不正确

10. 某企业是生产电机的企业，在境外设有营业机构。该企业的境内营业机构年度盈利1 000万元，境外营业机构亏损100万元。企业在汇总计算缴纳企业所得税时，对境外营业机构的亏损能否抵减境内营业机构的盈利有不同意见，你认为哪种意见正确？（ ）

A. 根据规定，境外营业机构的亏损不得抵减境内营业机构的盈利

B. 根据规定，境外营业机构的亏损可以抵减境内营业机构的盈利

C. 根据规定，境外营业机构的亏损是否抵减境内营业机构的盈利，适用境外机构所在国的法律

D. 以上意见都不正确

11. 按照《企业所得税法》的规定，下列企业不缴纳企业所得税的是（ ）。

A. 国有企业　　B. 私营企业　　C. 合伙企业　　D. 外商投资企业

12. A公司某年度取得以下收入：销售商品收入200万元，其他企业使用A公司可循

环使用的包装物支付 100 万元，获得股息收入 100 万元，其他企业租用 A 公司的固定资产支付 200 万元，转让无形资产收入 100 万元，A 公司当年取得的租金收入总额是多少？（ ）

A. 100 万元　B. 200 万元　C. 300 万元　D. 400 万元

13.《企业所得税法》所称企业以非货币形式取得的收入，应当按照（ ）确定收入额。

A. 公允价值　B. 重置价值　C. 历史价值　D. 原始价值

14.（ ）是企业所得税纳税人。

A. 个人独资企业　B. 合伙企业
C. 一人有限责任公司　D. 居民个人

15.（ ）不是企业所得税纳税人。

A. 国有企业　B. 外商投资企业
C. 私营有限责任公司　D. 私营合伙企业

16.（ ）收入应该征收企业所得税。

A. 股息、红利等权益性投资收益
B. 依法收取并纳入财政管理的政府性基金
C. 依法收取并纳入财政管理的行政事业收费
D. 财政拨款

17. 甲企业年度实际发生的与经营活动有关的业务招待费为 100 万元，该公司按（ ）万元予以税前扣除，该公司当年的销售收入为 4 000 万元。

A. 60　B. 100　C. 240　D. 20

18. 甲公司年度销售收入为 1 000 万元，广告费和业务宣传费支出为 200 万元，该公司应按照（ ）万元予以税前扣除。

A. 150　B. 200　C. 100　D. 50

19. 按照《企业所得税法》及实施条例的规定，下列表述中不正确的是（ ）。

A. 发生的与生产经营活动有关的业务招待费，不超过销售（营业）收入 5‰的部分准予扣除
B. 发生的职工福利费支出，不超过工资、薪金总额 14%的部分准予税前扣除
C. 为投资者或者职工支付的补充养老保险费、补充医疗保险费在规定标准内准予扣除
D. 为投资者或者职工支付的商业保险费，不得扣除

20. 按照《企业所得税法》的规定，企业发生的公益性捐赠支出，在计算应纳税所得额时准予扣除的比例是（ ）。

A. 3%　B. 10%　C. 12%　D. 20%

21. 下列关于财产转让所得来源的确定，不符合《企业所得税法》规定的是（ ）。

A. 不动产转让所得按照不动产所在地确定
B. 动产转让所得按照转让动产的企业或者机构、场所所在地确定
C. 动产转让所得按照购买动产的企业或者机构、场所所在地确定
D. 权益性投资资产转让所得按照被投资企业所在地确定

22. 根据《企业所得税法》的规定，下列关于确认特殊收入的说法不正确的是（ ）。

A. 采取产品分成方式取得收入的，按照企业分得产品的日期确认收入的实现

B. 企业从事建筑、安装、装配工程业务，持续时间超过12个月的，按照纳税年度内完成的工作量确认收入的实现

C. 以分期收款方式销售货物的，按照合同约定的收款日期确认收入的实现

D. 采取产品分成方式取得收入的，其收入额按照产品的成本确定

23. 非居民企业在中国境内未设立机构、场所的，或者虽设立机构、场所，但取得的所得与其所设机构、场所没有实际联系的，应当就其来源于中国境内的所得缴纳企业所得税，实行源泉扣缴，以（ ）为扣缴义务人。

A. 支付人　　B. 代收人　　C. 代理人　　D. 受让者

24. 某工业企业全年销售收入1 000万元，房屋出租收入100万元，提供加工劳务收入50万元，变卖固定资产收入30万元，视同销售收入100万元，当年发生业务招待费10万元，则该企业在企业所得税前可以扣除的业务招待费为（ ）万元。

A. 6　　B. 6.25　　C. 4.75　　D. 3.75

25. 某国有企业的境内所得为1 000万元，境外所得（均为税后所得）有三笔，其中来自甲国有两笔所得，分别为60万元和51万元，税率分别为40%和15%，来自乙国的所得为42.5万元，已纳税7.5万元（甲国、乙国均与我国签订了避免重复征税的税收协定），则该国有企业应纳企业所得税（ ）万元。

A. 250　　B. 255　　C. 248　　D. 246

26. 根据《企业所得税法》的规定，下列对企业所得税征收管理的说法正确的是（ ）。

A. 按月预缴企业所得税的，应当自月份终了之日起10日内，向税务机关报送预缴企业所得税纳税申报表，预缴税款

B. 企业应当在办理注销登记后，就其清算所得向税务机关申报并依法缴纳企业所得税

C. 企业纳税年度亏损，可以不向税务机关报送年度企业所得税纳税申报表

D. 依照《企业所得税法》缴纳的企业所得税，以人民币以外的货币计算的，应当折合成人民币计算并缴纳税款

27. 按照《企业所得税法》的有关规定，在计算企业所得税应纳税所得额时，下列项目准予从收入总额中扣除的是（ ）。

A. 固定资产减值准备　　B. 被没收财物的损失

C. 遭到龙卷风袭击的存货毁损　　D. 非广告性质的赞助支出

28. 根据《企业所得税法》的规定，下列收入中可以不征企业所得税的是（ ）。

A. 金融债券利息收入

B. 非营利性组织的生产经营活动收入

C. 已做坏账损失处理后又收回的应收账款

D. 依法收取并纳入财政管理的政府性基金

29. 企业开展研发活动的研究开发费用，未形成无形资产计入当期损益的，在按照规定据实扣除的基础上，按研究开发费用的（ ）加计扣除；形成无形资产的，按无形资产

成本的175%摊销。

A. 150%　　B. 100%　　C. 75%　　D. 20%

30. 企业不应确认的应纳税暂时性差异产生的递延所得税负债是（　）。

A. 由资产或负债的账面价值与其计税基础之间的差额所产生

B. 商誉确认所产生

C. 企业合并中所产生

D. 与子公司、联营企业或合营企业的投资中产生

（四）多项选择题

1. 根据《企业所得税法》的规定，企业分为（　）。

A. 本国企业　　B. 外国企业　　C. 居民企业　　D. 非居民企业

2. 以下适用25%企业所得税税率的企业有（　　）。

A. 在中国境内的居民企业

B. 在中国境内设有机构、场所且取得的所得与机构、场所有关联的非居民企业

C. 在中国境内设有机构、场所，但取得的所得与机构、场所没有实际联系的非居民企业

D. 在中国境内未设立机构、场所的非居民企业

3. 下列情况属于内部处置资产，不需要缴纳企业所得税的有（　）。

A. 将资产用于市场推广

B. 将资产用于对外捐赠

C. 将自建商品房转为自用

D. 将资产用于生产、制造、加工另一产品

4. 对企业发生的公益性支出，下列说法不正确的是（　）。

A. 在年度利润总额10%以内的部分，准予在计算应纳税所得额时扣除

B. 在年度利润总额12%以内的部分，准予在计算应纳税所得额时扣除

C. 在年度应纳税所得总额10%以内的部分，准予在计算应纳税所得额时扣除

D. 在年度应纳税所得总额12%以内的部分，准予在计算应纳税所得额时扣除

5. 按照《企业所得税法》及实施条例的规定，固定资产的大修理支出是指同时符合下列（　）条件的支出。

A. 修理支出达到取得固定资产时的计税基础50%以上

B. 修理支出达到取得固定资产时的计税基础20%以上

C. 修理后固定资产的使用年限延长2年以上

D. 固定资产必须是房屋、建筑物

6. 以下适用我国《企业所得税法》的企业有（　）。

A. 合伙企业　　B. 个人独资企业

C. 中外合资企业　　D. 内资企业

7. 以下属于非居民企业的是（　）。

A. 依中国法律在中国境内成立的企业

B. 依照外国法律成立但实际管理机构在中国境内的企业

C. 依照外国法律成立且实际管理机构不在中国境内，但在中国境内设立机构、场所的企业

D. 在中国境内未设立机构、场所，但有来源于中国境内所得的企业

8. 在计算应纳税所得额时，下列支出不得扣除（ ）。

A. 向投资者支付的股息、红利等权益性投资收益款项

B. 未经核定的准备金支出

C. 税收滞纳金

D. 罚金、罚款和被没收财物的损失

9. 在下列固定资产中，计征企业所得税时不允许计提折旧的有（ ）。

A. 房屋、建筑物以外未投入使用的固定资产

B. 以融资租赁方式租出的固定资产

C. 单独估价作为固定资产入账的土地

D. 与经营活动无关的固定资产

10. 在下列情况中，将会形成可抵扣暂时性差异的有（ ）。

A. 资产的账面价值大于其计税基础

B. 资产的账面价值小于其计税基础

C. 负债的账面价值大于其计税基础

D. 负债的账面价值小于其计税基础

11. 假定某企业持有一项交易性金融资产，成本为 1 000 万元，期末公允价值为 1 500 万元，企业所得税税率为 25%，递延所得税资产和递延所得税负债均无期初余额。在下列说法中，正确的是（ ）。

A. 产生应纳税暂时性差异 500 万元

B. 确认递延所得税负债 125 万元

C. 产生可抵扣暂时性差异 500 万元

D. 确认递延所得税资产 125 万元

12.《企业会计准则第 18 号——所得税》中的所得税包括（ ）。

A. 政府补助确认和计量　　B. 政府补助产生的暂时性差异

C. 以应纳税所得额为基础的境内税额　　D. 以应纳税所得额为基础的境外税额

13. 企业对与子公司、联营企业及合营企业投资相关的应纳税暂时性差异，若同时满足（ ），则不应当确认相应的递延所得税负债。

A. 投资企业不能控制暂时性差异转回的时间

B. 投资企业能够控制暂时性差异转回的时间

C. 该暂时性差异在可预见的未来可以转回

D. 该暂时性差异在可预见的未来很可能不会转回

14. 在同时具备下列特征的交易中，因资产或负债的初始确认所产生的递延所得税资产不予确认（ ）。

A. 该项交易为企业合并

B. 该项交易不是企业合并

C. 交易发生时既不影响会计利润也不影响应纳税所得额

D. 是由商誉的初始确认所产生的

15. 企业对与子公司、联营企业及合营企业投资相关的可抵扣暂时性差异，同时满足下列（　）条件的，应当确认相应的递延所得税资产。

A. 暂时性差异在可预见的未来很可能转回

B. 暂时性差异在可预见的未来不会转回

C. 未来很可能不会获得用来抵扣可抵扣暂时性差异的应纳税所得额

D. 未来很可能获得用来抵扣可抵扣暂时性差异的应纳税所得额

16. 根据《企业所得税法》的规定，在下列关于固定资产计税基础的说法中，正确的有（　）。

A. 盘盈的固定资产，以同类固定资产的重置完全价值为计税基础

B. 通过债务重组方式取得的固定资产，以该资产的账面价值为计税基础

C. 外购的固定资产以购买价款和支付的相关税费以及直接归属于使该资产达到预定用途发生的其他支出为计税基础

D. 融资租入的固定资产，以租赁合同约定的付款总额和相关费用为计税基础

17. 根据《企业所得税法》的规定，下列资产的税务处理正确的是（　）。

A. 通过支付现金方式取得的投资资产，以购买价款为成本

B. 企业自行开发的无形资产不得计算摊销费用

C. 企业依法清算时，清算所得为应纳税所得额，按规定缴纳企业所得税

D. 企业不能提供完整、准确的收入及成本、费用凭证，不能正确计算应纳税所得额的，由企业自行核定其应纳税所得额。

18. 企业与其关联方之间的业务往来，不符合独立交易原则而减少企业或者其关联方应纳税收入或者所得额的，税务机关有权按照合理方法调整，合理方法一般是指（　）。

A. 可比非受控价格法　　B. 成本加成法

C. 利润分割法　　D. 交易净利润法

E. 再销售价格法　　F. 其他符合独立交易原则的方法

19. 企业在确认相关资产、负债时，对于根据《企业会计准则》应予确认的递延所得税资产（或负债），应编制的会计分录为（　）。

A. 借：所得税费用——递延所得税费用

　　贷：递延所得税负债

B. 借：递延所得税资产

　　贷：所得税费用——递延所得税费用

　　　　资本公积——其他资本公积

C. 借：所得税费用——递延所得税费用

　　　　资本公积——其他资本公积

　　贷：递延所得税资产

D. 借：递延所得税负债

　　贷：所得税费用——递延所得税费用

　　　　资本公积——其他资本公积

20. 在采用资产负债表债务法时，要求企业的资产及负债应根据会计准则与税法的不同要求分别进行计价，因而形成（　）两种计价基础。

A. 含税计税基础　　　　　　　　B. 会计计价基础

C. 税法计价基础　　　　　　　　D. 不含税计税基础

（五）判断题

1. 非居民企业偶尔委托个人在中国境内从事生产经营活动的，则该个人不视为非居民企业在中国境内设立的机构、场所。（　）

2. 非居民企业在中国境内设立机构、场所的，应当就其来源于中国境内的所得按25%的税率缴纳企业所得税。（　）

3. 具有法人资格的企业才能成为居民企业。（　）

4. 居民企业承担无限纳税义务，非居民企业承担有限纳税义务。（　）

5. 居民企业适用的税率为25%，非居民企业适用的税率为20%。（　）

6. 国家级高新技术开发区内的高新技术企业才能享受15%优惠税率的规定。（　）

7. 企业销售货物涉及现金折扣的，应当按照扣除现金折扣后的金额确定销售货物收入金额。（　）

8. 销售货物涉及商业折扣的，应当按照扣除商业折扣前的金额确定销售货物收入金额。（　）

9.《企业所得税法》所称企业以非货币形式取得的收入，应当按照市场价格确定收入额。（　）

10.《企业所得税法》所称利息收入，包括存款利息、贷款利息、债券利息、欠款利息、违约金收入等。（　）

11. 对企业减免或返还的流转税，除国家规定有指定用途的项目不征税外，都应照章征收企业所得税。（　）

12. 企业来源于中国境外的所得，已在境外缴纳的所得税税款，准予在汇总纳税时从其应纳税额中扣除，但扣除额不得超过其境外所得依照《企业所得税法》计算的应纳税额。（　）

13. 在计算应纳税所得额时，纳税人因自然灾害或意外事故所受损失而由保险公司给予的赔偿不得扣除。（　）

14. 只要资产或负债的账面价值与计税基础间存在差异，就一定会产生暂时性差异。（　）

15. 资产的计税基础是指企业收回资产实际成本的过程中，在计算应纳税所得额时，按照税法规定可以自应税经济利益中抵扣的金额。（　）

16. 企业应当将当期和以前期间应交未交的所得税确认为资产，将已支付的所得税超过应支付的部分确认为负债。（　）

17. 企业应将商誉的初始计量中产生的递延所得税负债归属于应纳税时间性差异。（　）

18. 在资产负债表日，对于当期和以前期间形成的当期所得税负债（或资产），应当

按照税法规定计算的预期应缴纳（或返还）的所得税金额计量。（ ）

19. 企业可以对递延所得税资产和递延所得税负债进行折现。（ ）

20. 与直接计入所有者权益的交易或者事项相关的当期所得税和递延所得税，应当作为所得税费用或收益计入当期损益。（ ）

（六）综合题

1. 某外国公司的实际管理机构不在中国境内，也未在中国设立机构、场所，从中国境内某企业获得专有技术使用权转让收入 200 万元，该技术的成本为 80 万元，从外商投资企业取得税后利润 300 万元，适用税率为 10%。此外，转让其在中国境内的房屋一栋，转让收入为 3 000 万元，原值为 1 000 万元，已提折旧 600 万元。试计算该外国公司应当缴纳的企业所得税。

2. 某企业全年取得的收入总额为 3 000 万元，取得租金收入 50 万元；销售成本、销售费用、管理费用共计 2 800 万元；“营业外支出”中列支了 35 万元，其中通过希望工程基金委员会向某灾区捐款 10 万元，直接向某困难地区捐赠 5 万元，非广告性赞助 20 万元。试计算该企业全年应缴纳多少企业所得税。

3. 某中型工业企业执行现行财会制度和税收法规，企业年末会计报表利润为 200 000 元，未做任何项目调整，已按 25%的税率计算缴纳企业所得税 50 000 元。税务检查人员对该企业进行企业所得税纳税审查，经查阅有关账证资料，发现如下问题：

（1）企业当年有正式职工 100 人，实际列支工资、津贴、补贴、奖金 1 200 000 元。

（2）企业“长期借款”科目中记载：年初向中国银行借款 100 000 元，年利率为 5%；向其他企业借周转金 200 000 元，年利率为 10%。上述借款均用于生产经营。

（3）全年销售收入 60 000 000 元，企业列支业务招待费 250 000 元。

（4）该企业在税前共计提取并发生职工福利费 168 000 元，计提了工会经费 24 000 元，计提了职工教育经费 38 000 元。

（5）6 月 5 日，“管理费用”科目列支厂部办公室使用的空调器一台，价款 6 000 元（折旧年限按 6 年计算，不考虑残值）。

（6）年末，“坏账准备”科目的贷方余额为 47 500 元，已知该科目的期初贷方余额为 10 000 元。

（7）其他经核实均无问题，符合现行会计制度及税法的规定。

根据上述情况：

（1）扼要指出存在的问题。

（2）计算应补缴的企业所得税税额。

4. 新华化工机械制造有限公司（居民企业）是一般计税方法纳税人，该企业采用《企业会计制度》进行会计核算。2018 年的应纳税所得额为 − 50 万元。2019 年的生产经营情况如下：

（1）销售产品取得不含税收入 9 000 万元，从事符合条件的环境保护项目的收入为 1 000 万元（第一年取得该项目收入）。

（2）2019 年利润表反映的内容如下：

1）产品销售成本为4 500万元；从事符合条件的环境保护项目的成本为500万元。

2）销售税金及附加为200万元；从事符合条件的环境保护项目的税金及附加为50万元。

3）销售费用为2 000万元（其中广告费为200万元）；财务费用为200万元。

4）投资收益为50万元（按权益法确认的投资非上市公司股权投资收益为40万元，国债持有期间的利息收入为10万元）。

5）管理费用为1 200万元（其中，业务招待费为35万元，研究开发费用为30万元）。

6）营业外支出为800万元（其中，通过省教育厅捐赠给某高校100万元，非广告性赞助支出为50万元，存货盘亏损失为50万元）。

（3）全年提取并实际支付工资支出共计1 000万元（其中，符合条件的环境保护项目工资100万元）。职工工会经费、职工教育经费分别按工资总额的2%、8%的比例提取。

（4）全年列支职工福利性支出140万元，职工教育费支出15万元，拨缴工会经费20万元。

（5）假设：①除资料所给内容外，无其他纳税调整事项。②从事符合条件的环境保护项目能够单独核算。③期间费用按照销售收入在化工产品和环境保护项目之间进行分配。

试计算新华公司2019年应缴纳的企业所得税。

5. 2014年12月1日，某企业购入一固定资产并投入使用，购买价款为2 000万元，支付的相关税费为20万元，该固定资产的使用年限为5年（与税法规定一致），预计净残值为10万元。由于技术进步等原因，该企业决定采用加速折旧方法提取固定资产折旧。请在两种加速折旧方法中任选一种计算该固定资产2015—2019年每年可提取的折旧额。

6. 某县一家机械制造企业全年实现税前收入总额2 000万元（其中，包括产品销售收入1 800万元、购买国债利息收入100万元），发生各项成本费用共计1 000万元，包括合理的工资、薪金总额200万元，业务招待费100万元，职工福利费50万元，职工教育经费2万元，工会经费10万元，税收滞纳金10万元，提取的各项准备金支出100万元。另外，企业当年购置环境保护专用设备500万元，购置完毕即投入使用。试计算这家企业当年应缴纳的企业所得税税额（假定企业以前年度无未弥补亏损）。

7. 某市卷烟厂（一般计税法纳税人）的职工人数年均70人，资产总额为2 500万元。全年的生产经营情况为：

（1）年初库存外购已税烟丝10吨，每吨单价为0.8万元，共计金额8万元；当年又购进已税烟丝50吨，每吨不含税单价0.8万元，取得销售方开具的增值税专用发票，以银行存款支付购货金额40万元、增值税税额5.2万元，烟丝全部验收入库；采购烟丝过程中共计以银行存款支付运输费用2万元，取得运输单位开具的普通发票。

（2）当年生产领用烟丝45万元，销售卷烟120标准箱给某大型商场。向购买方开具了增值税专用发票，取得的销售金额为300万元，增值税税额为39万元；经批准销售卷烟8标准箱给使用单位和消费者个人，开具普通发票，取得销售收入22.6万元。

（3）当年的卷烟销售成本共计120万元，财务费用为10万元。

（4）发生管理费用20万元（含业务招待费4万元）。

（5）销售费用为10万元（含广告费8万元）。

（6）计入成本、费用的实发工资费用为150万元，计提的三项经费为37.5万元。三项经费的具体情况如下：计提工会经费3万元，已取得专用收据；计提职工福利费30万元，实际发生28万元；计提职工教育经费4.5万元，实际发生3万元。

（7）营业外支出为20万元，其中被工商部门行政罚款6万元，向本厂困难职工直接捐赠4万元，通过民政部门向贫困地区捐赠10万元。

（8）"投资收益"账户表明有来源于全资子公司的投资收益157万元（子公司适用的企业所得税税率为25%）。

（9）上一年经税务机关审核需要调增的利润为50万元。

（说明：烟丝的消费税税率为30%，卷烟的消费税税率为56%，每标准箱定额征收消费税150元。）

按下列顺序回答问题，均需计算合计金额：

（1）计算当年应缴纳的增值税。

（2）计算当年应缴纳的消费税。

（3）计算当年应缴纳的城市维护建设税和教育费附加。

（4）计算该企业当年收入总额。

（5）计算业务招待费和广告费应调整的应纳税所得额。

（6）计算工资费用以及工会经费、职工福利费和职工教育经费应调整的应纳税所得额。

（7）计算企业所得税前准予扣除的公益性捐赠。

（8）计算该企业境内生产经营所得的应纳税所得额。

（9）计算该企业汇算清缴应缴纳的企业所得税税额。

8. 甲上市公司采用资产负债表债务法核算所得税费用，适用的企业所得税税率为25%。该公司的全年利润总额为6 000万元，在当年发生的交易或事项中，会计规定与税法规定存在差异的项目如下：

（1）12月31日，甲公司的应收账款余额为5 000万元，对该应收账款计提了500万元坏账准备。税法规定，企业按照应收账款期末余额5‰计提的坏账准备允许税前扣除，除已税前扣除的坏账准备外，应收款项在发生实质性损失时允许税前扣除。

（2）按照销售合同的规定，甲公司承诺对销售的X产品提供3年免费售后服务。甲公司当年销售的X产品预计在售后服务期间将发生费用400万元，已计入当期损益。税法规定，与产品售后服务相关的支出在实际发生时允许税前扣除。甲公司以后年度没有发生售后服务支出。

（3）12月31日，甲公司Y产品的账面余额为2 600万元，根据市场情况对Y产品计提跌价准备400万元，计入当期损益。税法规定，该类资产在发生实质性损失时允许税前扣除。

（4）12月31日，甲公司交易性金融资产的取得成本为2 000万元，期末公允价值为4 100万元。

假定未来期间甲公司适用的企业所得税税率不发生变化，并且甲公司预计未来期间能够产生足够的应纳税所得额以抵扣可抵扣暂时性差异。

根据上述情况：

(1) 确定甲公司上述交易或事项中资产、负债在12月31日的计税基础，同时比较其账面价值与计税基础，计算所产生的应纳税暂时性差异或可抵扣暂时性差异的金额。

(2) 计算甲公司当年的应纳税所得额、应交所得税、递延所得税和所得税费用。

(3) 编制甲公司年末确认所得税费用的会计分录。

9. 某企业年末会计报表上的利润总额为100万元，已累计预缴企业所得税25万元。该企业当年的其他情况如下：

(1) 发生公益性捐赠支出18万元。

(2) 研究开发费用20万元（未形成资产），假定其加计扣除的比例为75%。

(3) 直接向某足球队捐款35万元。

(4) 支付违反交通法规罚款0.8万元。

根据上述情况：

(1) 计算该企业公益性捐赠支出在企业所得税前的纳税调整额。

(2) 计算该企业研究开发费用在企业所得税前的扣除数额。

(3) 计算该企业当年应纳税所得额。

(4) 计算该企业当年应纳企业所得税税额。

(5) 计算该企业当年应汇算清缴的企业所得税税额。

(答案中的金额单位用万元表示。)

10. 某生产混凝土搅拌机的生产企业在当年汇算清缴年度企业所得税时，对有关收支项目进行纳税调整后，将全年会计利润500万元按税法的规定调整为全年应纳税所得额600万元。税务部门在税务检查时，发现该企业有以下几项业务尚未进行调整：

(1) 4月，该企业购入机器设备一台，购置总成本为800万元，使用期为10年，支出全部计入当期费用（残值比例按5%计）。

(2) 6月，该企业为解决职工子女上学问题，直接向某小学捐款50万元，在营业外支出中列支。在计算应纳税所得额时未做纳税调整。

(3) 7月，该企业将在建工程应负担的贷款利息10万元计入当年财务费用。在计算应纳税所得额时未做纳税调整。

(4) 12月，该企业购进环境保护专用设备一台，购置价格为300万元。该设备符合设备抵免的相关规定。

试根据上述资料以及《企业所得税法》的有关规定，回答下列问题：

(1) 计算该企业当年设备折旧的税前扣除额。

(2) 计算该企业当年公益性捐赠的税前扣除额。

(3) 计算该企业当年在建工程贷款利息的税前扣除额。

(4) 计算该企业当年应纳税所得额。

(5) 计算该企业当年应纳所得税额。

(七) 计算题

某制药企业为居民企业（一般计税法纳税人），全年相关的生产经营业务如下：

(1) 企业坐落在某县城，全年实际占地50 000平方米。其中，厂房占地40 000平方米，办公楼占地4 500平方米，医务室占地900平方米，幼儿园占地1 600平方米，厂区内道路及绿化占地3 000平方米。

(2) 企业拥有货车20辆（每辆自重吨位30吨），客货两用车5辆（每辆自重吨位2吨、乘4人），通勤用的大型客车5辆（每辆乘50人），5座小轿车8辆。

(3) 当年销售药品共计12 000万元（不含税价格）；购进已税原料，取得增值税专用发票，注明的购货金额为3 000万元、进项税额为390万元，原料全部验收入库；支付购货的运输费用300万元，取得运输公司及其他单位开具的普通发票；收购农民种植的中草药原药，在经主管税务机关批准使用的收购凭证上注明买价，累计4 000万元；另外，工会当年直接领用了本厂生产的200万元（按同类不含税价格计算）药品，作为福利发给职工个人。

(4) 全年应扣除的销售产品成本为7 300万元，发生销售费用3 100万元，发生财务费用300万元，发生管理费用900万元（未包括应计入管理费用中的税金）。

(5) 3月，企业接受其关联企业赠予的机器设备一台并于当月投入使用，发票上所列的金额为550万元，企业自己负担的运输费、保险费和安装调试费为50万元；全年计入成本、费用的固定资产折旧为55万元，企业采用直线折旧法，期限为10年，残值率为5%。

(6) 所发生的财务费用中包括支付银行贷款的利息180万元和向其他企业支付借款1 500万元的本年利息120万元（同期银行贷款年利率为6%）。

(7) 所发生的销售费用中含有全年实际支出的广告费和业务宣传费3 070万元。

(8) 所发生的管理费用中包含业务招待费124万元。

（说明：城镇土地使用税每平方米单位税额为3元，载货汽车年纳税额为每吨30元，乘人汽车9座以下的年纳税额为420元，9座以上的年纳税额为540元。）

根据上述资料，该企业进行了相关的纳税调整并计算了当年应缴纳的企业所得税。

(1) 允许扣除项目金额：

应缴纳的城镇土地使用税＝(50 000－900－1 600)×3＝142 500(元)＝14.25(万元)

应缴纳的车船使用税＝(20×30×30＋5×2×30＋5×540＋8×420)÷10 000
＝2.44(万元)

销项税额＝12 000×13%＋200×13%＝1 586(万元)

可以抵扣的进项税额＝390＋300×9%＋4 000×9%＝777(万元)

应缴纳的增值税＝1 586－777＝809(万元)

应缴纳的城市维护建设税和教育费附加＝809×(5%＋3%)＝64.72(万元)

$$允许扣除的机器设备的折旧费用=\frac{(550+50)\times(1-5\%)}{10}\times\frac{9}{12}=42.75(万元)$$

允许扣除的财务费用＝120＋180＝300(万元)

允许扣除的广告费和业务宣传费＝3 070(万元)

允许扣除的业务招待费＝124(万元)

(2) 收入总额：

确认应纳税所得额时的企业收入总额＝12 000＋200＝12 200(万元)

（3）应纳税所得额：

应纳税所得额＝12 200－14.25－2.44－809－64.72－42.75－300－3 070－124

＝7 772.84（万元）

（4）应纳企业所得税税额：

应纳企业所得税税额＝7 772.84×25％＝1 943.21（万元）

请问该企业当年的纳税申报是否正确？如果不正确，请指出错误之处，并计算出正确的应纳企业所得税和实际缴纳的企业所得税税额。

答案解析

（一）术语解释

1. 企业所得税是对我国境内企业和其他取得收入的组织的生产经营所得和其他所得征收的一种税。

2. 居民企业是指依法在中国境内成立，或者依照外国（地区）法律成立但实际管理机构在中国境内的企业。

3. 非居民企业是指依照外国（地区）法律成立且实际管理机构不在中国境内，但在中国境内设立机构、场所的，或者在中国境内未设立机构、场所，但有来源于中国境内所得的企业。

4. 计税基础是指企业在资产负债表日，根据税法的规定，为计算应交企业所得税所确认的资产（负债）价值。

5. 应纳税暂时性差异是指在确定未来收回资产或清偿负债期间的应纳税所得额时，将导致产生应税金额的暂时性差异。

6. 可抵扣暂时性差异是指在确定未来收回资产或清偿负债期间的应纳税所得额时，将导致产生可抵扣应税金额的暂时性差异。

7. 资产负债表债务法是对暂时性差异进行跨期核算的会计方法。

（二）填空题

1. 生产经营所得　其他所得　清算所得

2. 25％　20％

3. 应纳税所得额　收入总额　不征税收入、免税收入、各项扣除以及允许弥补的以前年度亏损

4. 2％　14％　8％

5. 12％

6. 权责发生制　实质重于形式

7. 5个月

8. 15

（三）单项选择题

1. D　【解析】题目为《企业所得税法》中对非居民企业的规定。

2. C　【解析】居民企业是指依法在中国境内成立，或者依照外国（地区）法律成立但实际管理机构在中国境内的企业。

3. D　【解析】企业所得税实行比例税率，现行规定是：基本税率为25％，适用于

居民企业和在中国境内设有机构、场所且所得与机构、场所有关联的非居民企业；低税率为20%，适用于在中国境内未设立机构、场所的，或者虽设立机构、场所，但取得的所得与其所设机构、场所没有实际联系的非居民企业。实际征税时，适用10%的税率。

4. C 【解析】根据《企业所得税法》相关税收优惠政策的规定，国家需要重点扶持的高新技术企业减按15%的税率征收企业所得税。

5. B 【解析】企业发生的公益性捐赠支出，在年度利润总额12%以内的部分，准予在计算应纳税所得额时扣除。

6. B 【解析】非居民企业在中国境内设立机构、场所的，应当就其所设机构、场所取得的来源于中国境内的所得，以及发生在中国境外但与其所设机构、场所有实际联系的所得，缴纳企业所得税。

7. C 【解析】企业所得税实行按年计征，分月预缴，年终汇算清缴，多退少补。企业应当自年度终了之日起5个月内，向税务机关报送年度企业所得税纳税申报表，并汇算清缴，结清应缴应退税款。

8. C 【解析】扣缴义务人每次代扣的税款，应当自代扣之日起7日内缴入国库，并向所在地的税务机关报送扣缴企业所得税报告表。

9. C 【解析】企业对该项业务作为当年销售业务处理，取得的价款作为收入，存货的成本作为销售成本，在计算应纳税所得额时扣除。

10. A 【解析】根据《企业所得税法》的相关规定，企业在汇总计算缴纳企业所得税时，其境外营业机构的亏损不得抵减境内营业机构的盈利。

11. C 【解析】根据《企业所得税法》第一条的规定，除个人独资企业、合伙企业不适用《企业所得税法》外，凡在我国境内，企业和其他取得收入的组织均为企业所得税的纳税人。

12. C 【解析】租金收入是指企业提供固定资产、包装物或者其他有形资产的使用权取得的收入，按照合同约定的承租人应付租金的日期确认收入的实现，故当年取得的租金收入为300万元（=100+200）。

13. A 【解析】《企业所得税法》第六条所称企业以非货币形式取得的收入，应当按照公允价值确定收入额，所以选项A正确。

14. C 【解析】有限责任公司负有限责任，需要缴纳企业所得税。其他三个主体只需要缴纳个人所得税，负无限责任。

15. D 【解析】根据《企业所得税法》第一条的规定，除个人独资企业、合伙企业不适用《企业所得税法》外，凡在我国境内，企业和其他取得收入的组织均为企业所得税的纳税人。私营合伙企业属于合伙企业，故答案为D选项。

16. A 【解析】其他三项都属于企业所得税中的免税项目。

17. D 【解析】企业发生的与生产经营活动有关的业务招待费支出，按照发生额的60%扣除，但最高不得超过当年销售（营业）收入的5‰。本题中发生额的60%为60万元，销售收入的5‰为20万元，故该公司应按20万元予以税前扣除。

18. A 【解析】企业发生的符合条件的广告费和业务宣传费支出，除国务院财政、税务主管部门另有规定外，不超过当年销售（营业）收入15%的部分，准予扣除；超过部分，准予结转以后纳税年度扣除。

19. A 【解析】企业发生的与生产经营活动有关的业务招待费支出，按照发生额的60%扣除，但最高不得超过销售（营业）收入的5‰。

20. C 【解析】企业发生的公益性捐赠支出，在年度利润总额12%以内的部分，准予在计算应纳税所得额时扣除。

21. C 【解析】动产转让所得按照转让动产的企业或者机构、场所所在地确定，故此题中的选项C不符合《企业所得税法》的规定。

22. D 【解析】采取产品分成方式取得收入的，按照企业分得产品的日期确认收入的实现，其收入额按照产品的公允价值确定。

23. A 【解析】非居民企业在中国境内未设立机构、场所的，或者虽设立机构、场所，但取得的所得与其所设机构、场所没有实际联系的，实行源泉扣缴，以支付人为扣缴义务人。

24. A 【解析】企业发生的与生产经营活动有关的业务招待费支出，按照发生额的60%扣除，但最高不得超过销售（营业）收入的5‰。

25. B 【解析】甲国的税前所得为160万元，在国内应缴纳40万元，但在甲国已缴纳49万元，故在国内不需要补缴企业所得税；乙国的税前所得为50万元，在国内应缴纳12.5万元，故需要补缴5万元。由此可知应纳所得税为255万元（=1 000×25%+5）。

26. D 【解析】按月预缴企业所得税的，应当自月份终了之日起15日内，向税务机关报送预缴企业所得税纳税申报表，预缴税款，故A选项错误；企业应当在办理注销登记前，就其清算所得向税务机关申报并依法缴纳企业所得税，故B选项错误；企业在纳税年度内无论盈利或者亏损，都应当向税务机关报送年度企业所得税纳税申报表，故C选项错误。

27. C 【解析】根据税法的规定，企业当期发生的固定资产和流动资产盘亏、毁损净损失，由其提供清查盘存资料，经主管税务机关审核后，准予扣除。

28. D 【解析】D选项属于《企业所得税法》规定的不征税收入。

29. C 【解析】根据《企业所得税法》的相关规定，企业为开发新技术、新产品、新工艺发生的研究开发费用，未形成无形资产计入当期损益的，在按照规定据实扣除的基础上，按研究开发费用的75%加计扣除；形成无形资产的，按无形资产成本的175%摊销。

30. B 【解析】对于企业合并中产生的商誉，其账面价值与计税基础不同所形成的应纳税暂时性差异，会计准则中规定不确认相关的递延所得税负债。

（四）多项选择题

1. CD 【解析】略

2. AB 【解析】企业所得税实行比例税率，现行规定是：基本税率为25%，适用于居民企业和在中国境内设有机构、场所且所得与机构、场所有关联的非居民企业；低税率为20%，适用于在中国境内未设立机构、场所的，或者虽设立机构、场所，但取得的所得与其所设机构、场所没有实际联系的非居民企业（实际征税时适用10%的税率）。

3. CD 【解析】略

4. ACD 【解析】企业发生的公益性捐赠支出，在年度利润总额12%以内的部分，准予在计算应纳税所得额时扣除。

5. AC 【解析】按照《企业所得税法》及实施条例的规定，固定资产的大修理支出是指同时符合下列条件的支出：一是修理支出达到取得固定资产时的计税基础 50%以上；二是修理后固定资产的使用年限延长 2 年以上。

6. CD 【解析】根据《企业所得税法》第一条的规定，除个人独资企业、合伙企业不适用《企业所得税法》外，凡在我国境内，企业和其他取得收入的组织均为企业所得税的纳税人。

7. CD 【解析】非居民企业是指依照外国（地区）法律成立且实际管理机构不在中国境内，但在中国境内设立机构、场所的，或者在中国境内未设立机构、场所，但有来源于中国境内所得的企业。

8. ABCD 【解析】ABCD 均为《企业所得税法》规定的不得扣除的项目。

9. ABCD 【解析】ABCD 均为《企业所得税法》规定的计征企业所得税时不允许计提折旧的项目。

10. BC 【解析】可抵扣暂时性差异是指在确定未来收回资产或清偿负债期间的应纳税所得额时，将导致产生可抵扣金额的暂时性差异，故选项 B、C 正确。

11. AB 【解析】应纳税暂时性差异是所得税会计的一个概念，是指在确定未来收回资产或清偿负债期间的应纳税所得额时，将导致产生应税金额的暂时性差异。在应纳税暂时性差异产生当期，应当确认相关的递延所得税负债，故选项 A、B 正确。

12. BCD 【解析】该准则所称的所得税包括企业以应纳税所得额为基础的各种境内和境外税额。该准则不涉及政府补助的确认和计量，但因政府补助产生暂时性差异的所得税影响，应当按照该准则进行确认和计量。

13. BD 【解析】根据《企业会计准则》第十二条的规定，企业对与子公司、联营企业及合营企业投资相关的应纳税暂时性差异，应当确认相应的递延所得税负债。但是，同时满足下列条件的除外：

（1）投资企业能够控制暂时性差异转回的时间。

（2）该暂时性差异在可预见的未来很可能不会转回。

14. BC 【解析】根据《企业会计准则》的相关规定，在同时具有下列特征的交易中，因资产或负债的初始确认所产生的递延所得税资产不予确认：

（1）该项交易不是企业合并。

（2）交易发生时既不影响会计利润也不影响应纳税所得额（或可抵扣亏损）。

15. AD 【解析】见第 14 题的解析。

16. ACD 【解析】通过捐赠、投资、非货币性资产交换、债务重组等方式取得的固定资产，以该资产的公允价值和支付的相关税费为计税基础，故 B 选项错误。

17. AC 【解析】企业自行开发的无形资产，以开发过程中该资产符合资本化条件后至达到预定用途前发生的支出为计税基础，故 B 选项错误。企业不能提供完整、准确的收入及成本、费用凭证，不能正确计算应纳税所得额的，由税务机关核定其应纳税所得额，故 D 选项错误。

18. ABCDEF 【解析】根据《企业所得税法》的相关规定，选项 A、B、C、D、E、F 均为税务机关调整的合理方法。

19. AB 【解析】略。

20. BC 【解析】《企业会计准则》的相关规定为，在采用资产负债表债务法时，要求企业的资产及负债应根据会计准则与税法的不同要求分别进行计价，因而形成会计和税法两种计价基础。

（五）判断题

1. √ 【解析】企业所得税的纳税人分为居民企业和非居民企业，个人不是企业所得税的纳税义务人。

2. × 【解析】非居民企业在中国境内设立机构、场所，但取得的所得与其所设机构、场所没有实际联系的非居民企业，适用20%的低税率（实际征税时适用10%的税率）。

3. × 【解析】经国家有关部门批准，依法注册、登记的事业单位、社会组织等，也能成为居民企业。

4. √ 【解析】居民企业就其来源于中国境内、境外的所得作为征税对象。非居民企业在中国境内设立机构、场所的，应当就其所设机构、场所取得的来源于中国境内的所得，以及发生在中国境外但与其所设机构、场所有实际联系的所得，缴纳企业所得税。非居民企业在中国境内未设立机构、场所的，或者虽设立机构、场所，但取得的所得与其所设机构、场所没有实际联系的，应当就其来源于中国境内的所得缴纳企业所得税。

5. × 【解析】基本税率25%适用于居民企业和在中国境内设有机构、场所且取得的所得与其所设机构、场所有关联的非居民企业。

6. × 【解析】新《企业所得税法》将该项优惠政策扩大到全国范围，以促进全国范围内的高新技术企业加快科技创新和技术进步。凡是按照新的《高新技术企业认定管理办法》被认定为高新技术的企业均可享受15%的优惠税率。

7. × 【解析】企业销售货物涉及商业折扣的，应当按照扣除商业折扣后的金额确定销售货物收入金额。涉及现金折扣的，应当按扣除现金折扣前的金额确定销售商品收入金额，现金折扣实际发生时作为财务费用扣除。

8. × 【解析】企业销售货物涉及商业折扣的，应当按照扣除商业折扣后的金额确定销售货物收入金额。

9. √ 【解析】《企业所得税法》所称企业以非货币形式取得的收入，应当按照公允价值确定收入额。

10. × 【解析】《企业所得税法》所称利息收入，包括存款利息、贷款利息、债券利息、欠款利息等收入，违约金收入属于其他收入。

11. √ 【解析】符合《企业所得税法》的相关规定。

12. √ 【解析】符合《企业所得税法》的相关规定。

13. √ 【解析】纳税人因自然灾害或意外事故所受损失没有赔偿的部分，在计算应纳税所得额时可以从收入总额中扣除。纳税人因自然灾害或意外事故所受损失有赔偿的部分，在计算应纳税所得额时不得扣除。这里所说的赔偿，是指纳税人参加了财产保险，由保险公司给予的赔偿。

14. √ 【解析】暂时性差异是指资产或负债的计税基础与其列示在会计报表上的账面价值之间的差异。

15. × 【解析】资产的计税基础是指企业收回资产账面价值的过程中，在计算应纳

税所得额时按照税法的规定可以自应税经济利益中抵扣的金额，即该项资产在未来使用或最终处置时，允许作为成本或费用于税前列支的金额。

16. × 【解析】根据《企业会计准则》第十条的规定，企业应当将当期和以前期间应交未交的所得税确认为负债，将已支付的所得税超过应支付的部分确认为资产。存在应纳税暂时性差异或可抵扣暂时性差异的，应当按照该准则规定确认递延所得税负债或递延所得税资产。

17. × 【解析】除下列交易中产生的递延所得税负债以外，企业应当确认所有应纳税暂时性差异产生的递延所得税负债：(1) 商誉的初始确认。(2) 同时具有以下特征的交易中产生的资产或负债的初始确认：①该项交易不是企业合并；②交易发生时既不影响会计利润又不影响应纳税所得额。

18. √ 【解析】根据《企业会计准则》第十六条的规定，在资产负债表日，对于当期和以前期间形成的当期所得税负债（或资产），应当按照税法规定计算的预期应缴纳（或返还）的所得税金额计量。

19. × 【解析】根据相关规定，企业不应当对递延所得税资产和递延所得税负债进行折现。

20. × 【解析】与直接计入所有者权益的交易或者事项相关的当期所得税和递延所得税，应当计入所有者权益。

（六）综合题

1.【解析】

自 2008 年起，外国企业从外商投资企业取得的税后利润不再免征企业所得税，应当缴纳 10%的预提所得税，取得的利息、租金、特许权使用费所得，以收入全额为应纳税所得额；转让财产所得，以收入全额减除财产净值后的余额为应纳税所得额。

$$预提所得税=[200+300+(3\,000-400)]\times 10\%=310(万元)$$

2.【解析】

(1) 会计利润为 215 万元（=3 000+50−2 800−35）。

(2) 公益性捐赠扣除限额为 25.8 万元（=215×12%）>10 万元，故公益性捐赠的部分可以据实扣除。

(3) 直接捐赠不得扣除，纳税调增 5 万元。

(4) 非广告性赞助支出 20 万元需要做纳税调增。

(5) 应纳税所得额为 240 万元（=215+5+20）

(6) 应纳所得税额为 60 万元（=240×25%）。

3.【解析】

(1) 存在的问题：

1) 向其他企业借款的利息支出超过按中国银行（金融企业）同期同类贷款利率计算的利息支出部分在税前扣除［实施条例 38 条］。

2) 业务招待费扣除超规定标准。

3) 计提工会经费未拨缴不得税前扣除［实施条例第 41 条］；计提教育经费未发生支出不得税前扣除［实施条例第 42 条］。

4）固定资产直接列入管理费用，未通过计提折旧摊销，税前多列支费用。

（2）计算得到：

不得税前扣除的利息支出＝200 000×(10%－5%)＝10 000(元)

不得税前扣除的业务招待费＝250 000－150 000＝100 000(元)

业务招待费扣除限额＝150 000(元)

(60 000 000×5‰＝300 000＞250 000×60%＝150 000)

不得税前扣除工会经费和职工教育经费＝24 000＋38 000＝62 000(元)

不得税前扣除管理费用中的固定资产部分＝$6\ 000-\frac{6\ 000}{6\times12}\times6=5\ 500$(元)

不得扣除的坏账准备金＝47 500－10 000＝37 500(元)

应补缴的企业所得税税额＝(10 000＋100 000＋62 000＋5 500＋37 500)×25%
＝53 750(元)

4.【解析】

当年利润总额
＝(9 000＋1 000)－(4 500＋500)－(200＋50)＋50－(2 000＋200＋1 200)－800
＝600(万元)

年收入总额＝9 000＋1 000＋10＝10 010(万元)

其中，免税收入为 10 万元。

当年各项扣除一般项目及环保项目。

（1）成本为 5 000 万元（＝4 500＋500）。

（2）销售税金及附加为 250 万元（＝200＋50）。

（3）期间费用为 3 365 万元（＝3 028.5＋336.5）。其中，销售费用为 2 000 万元（广告费的扣除限额为销售营业收入的 15%，据实扣除）。财务费用为 200 万元，管理费用为 1 165 万元（＝1 200－35），业务招待费的扣除限额为 21 万元（10 000×5‰＝50＞35×60%＝21）。

期间费用分配率＝(2 000＋200＋1 165)÷(9 000＋1 000)×100%
＝33.65%

（4）营业外支出为 722 万元[＝800－(100－72)－50]。

公益性捐赠支出扣除限额＝600×12%＝72(万元)

（5）工资三项经费调整。职工福利费和工会经费未超标，可以据实列支，职工教育经费实际计得 80 万元，支出 15 万元，应调整 65 万元。

教育经费调整＝80－15＝65(万元)

当年应纳税所得额＝10 010－10－(5 000＋250＋3 365＋722－65)
－30×75%(加计扣除)－50(2018 年亏损)＋(35－21)
＝10 000－9 272－22.5－50＋14＝669.5（万元）

当年应纳所得税额 = 669.5×25% − [1 000 − (500 + 50 + 336.5 − 1)]×25%
= 167.375 − 28.625
= 138.75（万元）

5.【解析】

（1）采用双倍余额递减法每年可提取的折旧额：

年折旧率 = 2÷预计使用寿命（年）×100% = 2÷5×100% = 40%
年折旧额 = 固定资产年初余额×年折旧率

特点：折旧率不变，净值逐年减少；开始时折旧额较多，以后年度逐年减少；最后两年净值扣除预计残值后平均计算。

2015年：

2 020×40% = 808（万元）

2016年：

（2 020 − 808）×40% = 484.80（万元）

2017年：

（2 020 − 808 − 484.8）×40% = 290.88（万元）

2018年及2019年平均为：

（2 020 − 808 − 484.8 − 290.88 − 10）÷2 = 213.16（万元）

（2）采用年数总和法，每年可提取的折旧额为：

年折旧率 = 尚可使用寿命÷预计使用寿命的年数总和×100%
预计使用寿命的年数总和 = 1 + 2 + 3 + 4 + 5 = 15（年）
年折旧额 =（固定资产原值 − 预计残值）×年折旧率

特点：净值不变，折旧率逐年递减；开始时折旧额较多，以后年度逐年减少。

2015年：

（2 020 − 10）×5÷15 = 670（万元）

2016年：

（2 020 − 10）×4÷15 = 536（万元）

2017年：

（2 020 − 10）×3÷15 = 402（万元）

2018年：

（2 020 − 10）×2÷15 = 268（万元）

2019年：

（2 020 − 10）×1÷15 = 134（万元）

6.【解析】

（1）年利润总额 1 000 万元（=2 000－1 000）。

（2）年收入总额为 2 000 万元。其中，免税收入为 100 万元。

（3）年各项扣除调整数：

业务招待费超支额＝100－9＝91(万元)

业务招待费的扣除限额＝9(万元)(1 800×5‰＝9＜100×60%＝60)

工资三项经费调整额＝(50＋10)－[200×(14%＋2%)]＝28(万元)

提取准备金支出调整＝100(万元)

税收滞纳金调整＝10(万元)

（4）年应纳税所得额：

年应纳税所得额＝2 000－100－1 000＋(91＋28＋100＋10)
＝1 129(万元)

（5）年应纳企业所得税税额：

年应纳企业所得税税额＝1 129×25%－500×10%
＝282.25－50
＝232.25(万元)

7.【解析】

$$销项税额=39+\frac{22.6}{1+13\%}\times13\%=41.6(万元)$$

进项税额＝5.2＋2×9%＝5.38(万元)

应纳增值税税额＝41.6－5.38＝36.22(万元)

$$应纳消费税税额=300\times56\%+\frac{22.6}{1+13\%}\times56\%+128\times0.015-45\times30\%=167.62(万元)$$

应纳城市维护建设税＝(36.22＋167.62)×7%＝14.27(万元)

应纳教育费附加＝(36.22＋167.62)×3%＝6.12(万元)

应缴纳的城市维护建设税和教育费附加＝14.27＋6.12＝20.39(万元)

该企业年收入总额＝300＋20＋157＝477(万元)

业务招待费扣除限额＝320×5‰＝1.6(万元)

实际发生额的 60%＝4×60%＝2.4(万元)

准予扣除 1.6 万元，应调增 2.4 万元（=4－1.6）。

广告费不可税前扣除，应调增 8 万元。根据《财政部、税务总局关于广告费和业务宣传费支出税前扣除政策的通知》（财税［2017］41 号），烟草企业的烟草广告费和业务宣传费支出，一律不得在计算应纳税所得额时扣除。

由计算可知，合计应调增应纳税所得额 10.4 万元。

工资可以据实扣除；工会经费的扣除限额为 3 万元（=150×2%），实际发生 3 万元，可以据实扣除，不用纳税调整。

职工福利费的扣除限额为 21 万元（=150×14%），实际发生 28 万元，准予扣除 21

万元，应调增应纳税所得额为9万元（=30-21）。

职工教育经费的扣除限额为12万元（=150×8%），实际发生3万元，准予扣除3万元，应调增应纳税所得额为1.5万元（=4.5-3），应调增应纳税所得额合计10.5万元（=9+1.5）。

会计利润总额=477-120-10-167.62-20.39-10-20-20=108.99(万元)

捐赠的扣除限额为13.1万元（=108.99×12%），实际发生10万元，全额扣除。

该企业应纳税所得额=108.99-157+10.4+10.5+6+4+50=32.89(万元)

应缴纳企业所得税税额=32.89×25%=8.222 5(万元)

8.【解析】

(1) 甲公司的资产、负债在12月31日的计税基础：

应收账款的账面价值=5 000-500=4 500(万元)

应收账款的计税基础=5 000-5 000×5‰=4 975(万元)

可抵扣暂时性差异=4 975-4 500=475(万元)

预计负债的年末账面价值=400(万元)

计税基础=0(万元)

由于负债的账面价值大于计税基础，所以产生可抵扣暂时性差异400万元。

存货的账面价值=2 600-400=2 200(万元)

存货的计税基础=2 600(万元)

由于资产的账面价值小于计税基础，所以产生可抵扣暂时性差异400万元。

交易性金融资产的账面价值=4 100(万元)

交易性金融资产的计税基础=2 000(万元)

由于资产的账面价值大于计税基础，所以产生应纳税暂时性差异2 100万元。

(2) 当年甲公司的应纳税所得额、应交所得税、递延所得税和所得税费用：

当年应纳税所得额=6 000+475+400+400-2 100=5 175(万元)

当年应交所得税=5 175×25%=1 293.75(万元)

当年递延所得税资产=(475+400+400)×25%=318.75(万元)

当年递延所得税负债=2 100×25%=525(万元)

当年所得税费用=1 293.75+525-318.75=1 500(万元)

(3) 当年甲公司的会计分录如下：

借：所得税费用　15 000 000
　　递延所得税资产　3 187 500
　贷：递延所得税负债　5 250 000
　　　应交税费——应交所得税　12 937 500

9.【解析】

(1) 根据现行的规定，企业发生的公益性捐赠支出在年度利润总额12%以内的部分，准予在计算应纳税所得额时扣除。

公益性捐赠支出在企业所得税前的扣除限额＝100×12％＝12(万元)

由于实际发生的公益性捐赠支出为 18 万元，超过限额 6 万元，所以应调增应纳税所得额 6 万元。

(2) 该企业的研究开发费用在企业所得税前的扣除数额为 35 万元（＝20＋20×75％)，应调减应纳税所得额 15 万元。

(3) 该企业当年应纳税所得额：向某足球队的捐款不得扣除，应调增应纳税所得额 35 万元；支付违反交通法规罚款不得扣除，应调增应纳税所得额 0.8 万元。该企业当年度应纳税所得额为 126.8 万元（＝100＋6－15＋35＋0.8)。

(4) 该企业当年应纳企业所得税税额为 31.7 万元（＝126.8×25％)。

(5) 该企业当年应汇算清缴的企业所得税税额为 6.7 万元［＝31.7－25（已预缴)］。

10.【解析】

(1) 纳税人新购置的固定资产，应当从投入使用月份的次月起计提折旧。

该企业当年设备折旧的税前扣除额为 50.67 万元［＝800×(1－5％)÷10÷12×8］。

(2) 直接向某小学捐款 50 万元，不属于公益性捐赠支出，在计算应纳税所得额时不得扣除。

(3) 在建工程应负担的贷款利息为 10 万元，在计算应纳税所得额时不得扣除。

(4) 该企业当年应纳税所得额为 689.33 万元［＝600＋(80－50.67)＋50＋10］。

(5) 环境保护专用设备投资额的 10％可以从企业当年应纳税额中抵免，抵免额为 30 万元（＝300×10％)。

该企业当年应纳所得税额＝689.33×25％－30＝142.33(万元)

（七）计算题

【解析】

(1) 应纳城镇土地使用税为 14.25 万元［＝(50 000－900－1 600)×3÷10 000］。

(2) 应缴纳的车船使用税为 2.44 万元［＝(20×30×30＋5×2×30＋5×540＋8×420)÷10 000］。

(3) 销项税额为 1 586 万元（＝12 000×13％＋200×13％)，可以抵扣的进项税额为 777 万元（＝390＋300×9％＋4 000×9％)，应纳增值税税额为 809 万元（＝1 586－777)。

(4) 应纳城市维护建设税和教育费附加为 64.72 万元［＝809×(5％＋3％)］。

(5) 机器设备折旧费的调整额计算有误。企业全年计入成本、费用的固定资产折旧为 55 万元，应该按税法要求，先计算允许扣除的机器设备的折旧费，再计算调整额。也就是说，超过扣除标准的机器设备的折旧费用为 12.25 万元［＝55－(550＋50)×(1－5％)÷10÷12×9］。

(6) 税前允许扣除的财务费用计算有误。税法规定：非金融企业向非金融企业借款的利息支出，不超过按照金融企业同期同类贷款利率计算的数额部分可据实扣除，超过部分不允许扣除。财务费用的调整额如下：

超过扣除标准的财务费用＝120－1 500×6％＝30(万元)

(7) 对化妆品制造与销售、医药制造和饮料制造（不含酒类制造）企业发生的广告费和业务宣传费支出，不超过当年销售（营业）收入30％的部分，准予扣除；超过部分，准予在以后纳税年度结转扣除。由于广告费未超过3 660万元[＝(12 000＋200)×30％]，所以无须调整。

(8) 税前允许扣除的业务招待费计算有误。税法规定：企业发生的与生产经营活动有关的业务招待费支出，按照发生额的60％扣除，但最高不得超过当年销售（营业）收入0.5％的部分，准予扣除；超过部分，准予结转以后纳税年度扣除。业务招待费的调整额如下：

业务招待费的扣除限额＝(12 000＋200)×0.5％＝61(万元)

实际发生额的60％＝124×60％＝74.4(万元)

因此，准予扣除61万元。

超过扣除标准的业务招待费用＝124－61＝63(万元)

(9) 企业的收入总额计算有误。税法规定：企业的收入总额包括销售货物收入，提供劳务收入，转让财产收入，股息、红利等权益性投资收益，以及利息收入、租金收入、特许权使用费收入、接受捐赠收入、其他收入。因此，企业的收入总额应包括接受捐赠收入。

确认应纳税所得额时的企业收入总额

＝12 750－7 300－3 100－300－900－14.25－2.44－64.72＋12.25＋30＋63

＝1 173.84(万元)

应纳企业所得税税额＝1 173.84×25％＝293.46(万元)

第5章 个人所得税的会计核算

一、学习目的与要求

通过本章的学习，学生应理解个人所得税各应税项目会计科目的设置及使用方法，掌握个人所得税的计算、代扣代缴个人所得税的会计处理以及纳税申报表的填制。

二、重点与难点

(一) 个人所得税的概念

个人所得税是以个人（自然人）取得的各项应税所得为征税对象所征收的一种所得税。

(二) 个人所得税的纳税人

个人所得税的纳税人是指在中国境内有住所，或者虽无住所但一个纳税年度内在中国境内居住累计满 183 天的个人，以及无住所又不居住或无住所而一个纳税年度内在中国境内居住累计不满 183 天的个人。

(三) 居民个人与非居民个人的判定标准

判定居民个人与非居民个人的标准有住所标准和居住时间标准。目前，我国采用的住所标准实际是习惯性住所标准，我国税法将在中国境内有住所的个人界定为：“因户籍、家庭、经济利益关系而在中国境内习惯性居住的个人。”我国判断居民身份的居住时间标准是一个纳税年度内在中国境内居住累计满 183 天。境内居住满 183 天是指一个纳税年度（自公历 1 月 1 日起至 12 月 31 日止）内在中国境内居住 183 天。

(四) 个人所得税的征税对象

个人所得税的征税对象包括 9 项，具体包括：工资、薪金所得，劳务报酬所得，稿酬所得，特许权使用费所得，经营所得，利息、股息、红利所得，财产租赁所得，财产转让所得，偶然所得。

(五) 税率

1. 综合所得（包括工资、薪金所得，劳务报酬所得，稿酬所得和特许权使用费所得）适用的税率

综合所得适用七级超额累进税率，税率为 3%～45%，见表 5-1。

表 5-1 个人所得税税率表一
（综合所得适用）

级数	全年应纳税所得额	税率（%）	速算扣除数（元）
1	不超过 36 000 元的	3	0
2	超过 36 000 元至 144 000 元的部分	10	2 520
3	超过 144 000 元至 300 000 元的部分	20	16 920
4	超过 300 000 元至 420 000 元的部分	25	31 920
5	超过 420 000 元至 660 000 元的部分	30	52 920
6	超过 660 000 元至 960 000 元的部分	35	85 920
7	超过 960 000 元的部分	45	181 920

2. 经营所得适用的税率

经营所得适用 5%～35%的五级超额累进税率，见表 5-2。

3. 其他所得项目适用的税率

利息、股息、红利所得，财产租赁所得，财产转让所得，偶然所得适用 20%的比例税率。

为了有效调控居民收入分配，我国的个人所得税制度对有关项目做了减征的规定：

（1）稿酬所得的收入额减按 70%计算。

（2）对个人出租房屋取得的所得暂减按 10%的税率征收个人所得税。

表 5-2　个人所得税税率表二

（经营所得适用）

级数	全年应纳税所得额	税率（%）	速算扣除数（元）
1	不超过 30 000 元的	5	0
2	超过 30 000 元至 90 000 元的部分	10	1 500
3	超过 90 000 元至 300 000 元的部分	20	10 500
4	超过 300 000 元至 500 000 元的部分	30	40 500
5	超过 500 000 元的部分	35	65 500

（六）应纳税额的计算

1. 综合所得应纳税额的计算

居民个人的综合所得，以每一纳税年度的收入额减除费用 6 万元以及专项扣除、专项附加扣除和依法确定的其他扣除后的余额为应纳税所得额。

居民个人从中国境内和境外取得的综合所得、经营所得，应当分别合并计算应纳税额；从中国境内和境外取得的其他项目所得，应当分别单独计算应纳税额。

居民个人取得综合所得，按年计算个人所得税；有扣缴义务人的，由扣缴义务人按月或者按次预扣预缴税款；需要办理汇算清缴的，应当在取得所得的次年 3 月 1 日至 6 月 30 日内办理汇算清缴。

非居民个人取得工资、薪金所得，劳务报酬所得，稿酬所得和特许权使用费所得，有扣缴义务人的，由扣缴义务人按月或者按次代扣代缴税款，不办理汇算清缴。

（1）居民个人预扣预缴。扣缴义务人在向居民个人支付工资、薪金所得，劳务报酬所得，稿酬所得，特许权使用费所得时，按以下方法预扣预缴个人所得税，并向主管税务机关报送《个人所得税扣缴申报表》。年度预扣预缴税额与年度应纳税额不一致的，由居民个人于次年 3 月 1 日至 6 月 30 日向主管税务机关办理综合所得年度汇算清缴，税款多退少补。

1）工资、薪金所得预扣预缴税款的计算。

①应纳税所得额的确定。

第一，费用扣除。居民个人的工资、薪金所得实行按月预扣的方法，每月可以减除费用 5 000 元。

第二，专项扣除和专项附加扣除。在按月计算居民个人工资、薪金所得的应纳税所得额时，可以扣除居民个人按照国家规定的范围和标准缴纳的基本养老保险、基本医疗保险、失业保险等社会保险费和住房公积金等。

在按月计算居民个人工资、薪金所得的应纳税所得额时，可以扣除居民个人的子女教育、继续教育、住房贷款利息或住房租金以及赡养老人等专项附加扣除。居民个人向扣缴义务人提供专项附加扣除信息的，扣缴义务人在按月预扣预缴税款时应当按照规定予以扣除，不得拒绝。

第三，依法确定的其他扣除。依法确定的其他扣除，包括个人缴付符合国家规定的企业年金、职业年金，个人购买符合国家规定的商业健康保险、税收递延型商业养老保险的支出，以及国务院规定可以扣除的其他项目。

②预扣预缴税款的计算。扣缴义务人在向居民个人支付工资、薪金所得时，应当按照累计预扣法计算预扣税款，并按月办理全员全额扣缴申报。

累计预扣法是指扣缴义务人在一个纳税年度内预扣预缴税款时，以纳税人在本单位截至当前月份工资、薪金所得累计收入减除累计免税收入、累计减除费用、累计专项扣除、累计专项附加扣除和累计依法确定的其他扣除后的余额为累计预扣预缴应纳税所得额，适用个人所得税预扣率表一（见表5-3），计算累计应预扣预缴税额，再减除累计减免税额和累计已预扣预缴税额，其余额为本期应预扣预缴税额。当余额为负值时，暂不退税。在纳税年度终了后余额仍为负值时，由纳税人通过办理综合所得年度汇算清缴，税款多退少补。具体计算公式如下：

$$\text{本期应预扣预缴税额}=\left(\text{累计预扣预缴应纳税所得额}\times\text{预扣率}-\text{速算扣除数}\right)-\text{累计减免税额}-\text{累计已预扣预缴税额}$$

$$\text{累计预扣预缴应纳税所得额}=\text{累计收入}-\text{累计免税收入}-\text{累计减除费用}-\text{累计专项扣除}-\text{累计专项附加扣除}-\text{累计依法确定的其他扣除}$$

其中，累计减除费用按照5 000元/月乘以纳税人当年截至本月在本单位的任职受雇月份数计算。也就是说，如果纳税人5月入职，则扣缴义务人在5月发工资并扣缴税款时，减除费用按5 000元计算；在6月发工资并扣缴税款时，减除费用按10 000元计算，依此类推。

表5-3 个人所得税预扣率表一

（居民个人工资、薪金所得预扣预缴适用）

级数	累计预扣预缴应纳税所得额	预扣率（%）	速算扣除数（元）
1	不超过36 000元的部分	3	0
2	超过36 000元至144 000元的部分	10	2 520
3	超过144 000元至300 000元的部分	20	16 920
4	超过300 000元至420 000元的部分	25	31 920
5	超过420 000元至660 000元的部分	30	52 920
6	超过660 000元至960 000元的部分	35	85 920
7	超过960 000元的部分	45	181 920

知识要点提醒：累计预扣法仅适用于中国居民个人取得的工资、薪金所得的日常预扣预缴，由该居民个人的任职单位作为扣缴义务人，按月为其办理全额扣缴申报。扣缴义务人向居民个人支付的劳务报酬所得、稿酬所得和特许权使用费所得，或者向非居民个人支付的4项综合所得，则不采用累计预扣法计算应纳个人所得税税额。

2）劳务报酬所得、稿酬所得、特许权使用费所得预扣预缴税款的计算。

扣缴义务人向居民个人支付劳务报酬所得、稿酬所得、特许权使用费所得，按次或者按月预扣预缴个人所得税。具体的预扣预缴方法如下：

①劳务报酬所得、稿酬所得、特许权使用费所得以收入减除费用后的余额为收入额。其中，稿酬所得的收入额减按 70%计算。

②减除费用。劳务报酬所得、稿酬所得、特许权使用费所得每次收入不超过 4 000 元的，减除费用按 800 元计算；每次收入在 4 000 元以上的，减除费用按 20%计算。

③应纳税所得额。劳务报酬所得、稿酬所得、特许权使用费所得，以每次收入额为预扣预缴应纳税所得额。劳务报酬所得适用 20%～40%的超额累进预扣率（见表 5－4“个人所得税预扣率表二”），稿酬所得、特许权使用费所得适用 20%的比例预扣率。

劳务报酬所得应预扣预缴税额＝预扣预缴应纳税所得额×预扣率－速算扣除数

稿酬所得、特许权使用费所得应预扣预缴税额＝预扣预缴应纳税所得额×20%

劳务报酬所得、稿酬所得、特许权使用费所得属于一次性收入的，以取得该项收入为一次；属于同一项目连续性收入的，以一个月内取得的收入为一次。

表 5－4　个人所得税预扣率表二

（居民个人劳务报酬所得预扣预缴适用）

级数	预扣预缴应纳税所得额	预扣率（%）	速算扣除数（元）
1	不超过 20 000 元的	20	0
2	超过 20 000 元至 50 000 元的部分	30	2 000
3	超过 50 000 元的部分	40	7 000

（2）综合所得应纳税额的计算及汇算清缴。居民个人的综合所得，以每一纳税年度的收入额减除费用 6 万元以及专项扣除、专项附加扣除和依法确定的其他扣除后的余额为应纳税所得额。

劳务报酬所得、稿酬所得、特许权使用费所得以收入减除 20%的费用后的余额为收入额。稿酬所得的收入额减按 70%计算。

个人将其所得对教育、扶贫、济困等公益慈善事业进行捐赠，捐赠额未超过纳税人申报的应纳税所得额 30%的部分，可以从其应纳税所得额中扣除；国务院规定对公益慈善事业捐赠实行全额税前扣除的，从其规定。

专项扣除包括居民个人按照国家规定的范围和标准缴纳的基本养老保险、基本医疗保险、失业保险等社会保险费和住房公积金等。专项附加扣除包括子女教育、继续教育、大病医疗、住房贷款利息或者住房租金、赡养老人等支出，具体范围、标准和实施步骤由国务院确定，并报全国人民代表大会常务委员会备案。

专项扣除、专项附加扣除和依法确定的其他扣除，以居民个人一个纳税年度的应纳税所得额为限额；一个纳税年度扣除不完的，不结转以后年度扣除。

（3）非居民个人应纳税额的计算。扣缴义务人在向非居民个人支付工资、薪金所得，劳务报酬所得，稿酬所得和特许权使用费所得时，应当按以下方法按月或者按次代扣代缴个人所得税：

非居民个人的工资、薪金所得，以每月收入额减除费用 5 000 元后的余额为应纳税所得额；劳务报酬所得、稿酬所得、特许权使用费所得，以每次收入额为应纳税所得额，适用按月换算后的非居民个人月度税率表（见表5-5“个人所得税税率表三”）计算应纳税额。其中，劳务报酬所得、稿酬所得、特许权使用费所得以收入减除20%的费用后的余额为收入额。稿酬所得的收入额减按70%计算。

$$\text{非居民个人工资、薪金所得，劳务报酬所得，稿酬所得，特许权使用费所得应纳税额} = \text{应纳税所得额} \times \text{税率} - \text{速算扣除数}$$

非居民个人的工资、薪金所得实行按月计征的方法，其应纳税所得额为月收入减除费用5 000元后的余额。相应的计算公式为：

$$\text{应纳税所得额} = \text{月工资、薪金收入} - 5\,000$$

非居民个人取得工资、薪金所得，劳务报酬所得，稿酬所得和特许权使用费所得，有扣缴义务人的，由扣缴义务人按月或者按次代扣代缴税款，不办理汇算清缴。

表5-5　个人所得税税率表三

（非居民个人工资、薪金所得，劳务报酬所得，稿酬所得，特许权使用费所得适用）

级数	应纳税所得额	税率（%）	速算扣除数（元）
1	不超过3 000元的	3	0
2	超过3 000元至12 000元的部分	10	210
3	超过12 000元至25 000元的部分	20	1 410
4	超过25 000元至35 000元的部分	25	2 660
5	超过35 000元至55 000元的部分	30	4 410
6	超过55 000元至80 000元的部分	35	7 160
7	超过80 000元的部分	45	15 160

2. 经营所得应纳税额的计算

(1) 应纳税所得额的确定。经营所得，以每一纳税年度的收入总额减除成本、费用以及损失后的余额，为应纳税所得额。

1) 收入总额。收入总额是指纳税人从事生产经营以及与生产经营有关的活动（以下简称“生产经营”）取得的货币形式和非货币形式的各项收入，主要包括销售货物收入、提供劳务收入、转让财产收入、利息收入、租金收入、接受捐赠收入、其他收入。其中，其他收入包括个体工商户资产溢余收入、逾期一年以上的未退包装物押金收入、确实无法偿付的应付款项、已做坏账损失处理后又收回的应收款项、债务重组收入、补贴收入、违约金收入、汇兑收益等。

2) 准予扣除项目。成本、费用是指在生产经营活动中发生的各项直接支出和分配计入成本的间接费用以及销售费用、管理费用、财务费用。损失是指在生产经营活动中发生的固定资产和存货的盘亏、毁损、报废损失，转让财产损失，坏账损失，自然灾害等不可抗力因素造成的损失以及其他损失。取得经营所得的个人，没有综合所得的，在计算其每一纳税年度的应纳税所得额时，应当减除费用（6万元）、专项扣除、专项附加扣除以及依法确定的其他扣除。专项附加扣除在办理汇算清缴时减除。

从事生产经营活动，未提供完整、准确的纳税资料，不能正确计算应纳税所得额的，由主管税务机关核定应纳税所得额或者应纳税额。

3）其他扣除项目及列支标准。

①工资、薪金支出。纳税人实际支付给从业人员的、合理的工资、薪金支出，准予扣除。

业主的工资、薪金支出不得税前扣除。个体工商户业主的费用扣除标准，依照相关法律、法规和政策规定执行。

②保险支出。纳税人按照国务院有关主管部门或者省级人民政府规定的范围和标准为其业主和从业人员缴纳的基本养老保险费、基本医疗保险费、失业保险费、生育保险费、工伤保险费和住房公积金，准予扣除。

纳税人为从业人员缴纳的补充养老保险费、补充医疗保险费，分别在不超过从业人员工资总额5%标准内的部分据实扣除；超过部分，不得扣除。

业主本人缴纳的补充养老保险费、补充医疗保险费，以当地（地级市）上年度社会平均工资的3倍为计算基数，分别在不超过该计算基数5%标准内的部分据实扣除；超过部分，不得扣除。

除纳税人依照国家有关规定为特殊工种从业人员支付的人身安全保险费和财政部、国家税务总局规定可以扣除的其他商业保险费外，业主本人或者为从业人员支付的商业保险费，不得扣除。

纳税人参加财产保险，按照规定缴纳的保险费，准予扣除。

③费用支出。纳税人向当地工会组织拨缴的工会经费，实际发生的职工福利费支出、职工教育经费支出，分别在工资、薪金总额的2%、14%、8%的标准内据实扣除。

纳税人发生的与生产经营活动有关的业务招待费，按照实际发生额的60%扣除，但最高不得超过当年销售（营业）收入的5‰。

纳税人每一纳税年度发生的与其生产经营活动直接相关的广告费和业务宣传费，不超过当年销售（营业）收入15%的部分，可以据实扣除；超过部分，准予在以后纳税年度结转扣除。

纳税人在生产经营活动中向金融企业借款发生的利息支出，准予税前扣除；向非金融企业和个人借款发生的利息支出，不超过按照金融企业同期同类贷款利率计算的数额部分，准予税前扣除。

④公益性捐赠。纳税人通过公益性社会组织或者县级以上人民政府及其部门，用于《中华人民共和国公益事业捐赠法》规定的公益事业的捐赠，捐赠额不超过其应纳税所得额30%的部分，可以据实扣除。

财政部、国家税务总局规定可以全额在税前扣除的捐赠支出项目，按有关规定执行。

直接对受益人的捐赠不得扣除。

⑤其他规定。纳税人取得与生产经营活动无关的各项应税所得，应分别适用各应税项目的规定计算征收个人所得税。

因在纳税年度中间开业、合并、注销及其他原因，导致该纳税年度的实际经营期不足1年的，在对个体工商户业主、个人独资企业投资者和合伙企业自然人合伙人的生产经营所得计算个人所得税时，以其实际经营期为1个纳税年度。

4）不得在税前列支的项目。纳税人的下列支出不得扣除：

- 个人所得税税款。

- 税收滞纳金。
- 罚金、罚款和被没收财物的损失。
- 不符合扣除规定的捐赠支出。
- 赞助支出。
- 用于个人和家庭的支出。
- 与取得生产经营收入无关的其他支出。
- 国家税务总局规定不准扣除的支出。

纳税人在生产经营活动中应当分别核算生产经营费用和个人、家庭生活费用。对于生产经营费用与个人、家庭生活费用难以分清的，其中的40%视为与生产经营有关的费用，准予扣除。

(2) 应纳税额的计算。经营所得以其应纳税所得额确定的适用税率和速算扣除数（见表5-2）计算应纳税额。相应的计算公式为：

$$应纳税额=应纳税所得额\times适用税率-速算扣除数$$

纳税人取得经营所得，按年计算个人所得税，由纳税人在月度或者季度终了后15日内向税务机关报送纳税申报表，并预缴税款；在取得所得的次年3月31日前办理汇算清缴。

由于经营所得的应纳税额实行按年计算、分月（季）预缴、年终汇算清缴、多退少补的方法，因而需要分别按月（季）预缴税款。相应的计算公式为：

$$\begin{matrix}本月(季)\\应预缴税额\end{matrix}=\left[\begin{matrix}本月(季)累计\\应纳税所得额\end{matrix}\times\begin{matrix}适用\\税率\end{matrix}-\begin{matrix}速算\\扣除数\end{matrix}\right]-\begin{matrix}上月(季)累计\\已预缴税额\end{matrix}$$

$$全年应纳税额=全年应纳税所得额\times适用税率-速算扣除数$$

$$汇算清缴税额=全年应纳税额-全年累计已预缴税额$$

合伙企业个人所得税的缴纳是"先分后税"，也就是合伙企业计算出应纳税所得额后，先分配给每个合伙人，由每个合伙人再按照五级超额累进税率计税。合伙企业的具体分配通常是按照合伙协议进行，没有合伙协议的先协商，协商不成的按照出资比例。如果上述方法都不可行，则平均分配，但不允许约定将利润分配给一个合伙人。

3. 财产租赁所得应纳税额的计算

(1) 应纳税所得额的确定。财产租赁所得的费用扣除计算方法与劳务报酬所得、稿酬所得、特许权使用费所得相同。财产租赁所得以一个月内取得的收入为一次。

财产租赁所得的每次收入不超过4 000元的，减除费用800元；4 000元以上的，减除20%的费用，其余额为应纳税所得额。在确定财产租赁所得的应纳税所得额时，纳税人在出租财产过程中缴纳的税金和教育费附加，可持完税（缴款）凭证，从其财产租赁所得中扣除。此外，准予扣除的项目除了规定费用和有关税费外，还准予扣除能够提供有效、准确凭证，证明由纳税人负担的该出租财产实际开支的修缮费用。允许扣除的修缮费用，以每次800元为限。一次扣除不完的，准予在下一次继续扣除，直到扣完为止。应纳税所得额的计算公式为：

1) 每次（月）收入不超过4 000元的：

$$应纳税所得额=每次(月)收入额-准予扣除项目-修缮费用(以800元为限)-800$$

2）每次（月）收入超过4 000元的：

$$\text{应纳税所得额}=\left[\begin{matrix}\text{每次(月)}\\ \text{收入额}\end{matrix}-\begin{matrix}\text{准予扣除}\\ \text{项目}\end{matrix}-\begin{matrix}\text{修缮费用}\\ \text{(以 800 元为限)}\end{matrix}\right]\times(1-20\%)$$

（2）应纳税额的计算。财产租赁所得适用20%的比例税率，但对个人出租居民住房取得的所得，暂按10%的税率征税。财产租赁所得应纳税额的计算公式为：

应纳税额＝应纳税所得额×适用税率

4. 财产转让所得应纳税额的计算

（1）应纳税所得额的确定。财产转让所得以转让财产的收入额减除财产原值和合理费用后的余额为应纳税所得额。相应的计算公式为：

应纳税所得额＝每次收入额－财产原值－合理税费

合理税费是指转让财产时按照规定支付的有关税费。“每次”是指以一件财产的所有权一次转让取得的收入为一次。

财产转让所得应按照每次转让财产的收入额减除财产原值和合理税费后的余额计算纳税。财产原值可按照下列方法确定：

1）有价证券，为买入价以及买入时按照规定交纳的有关税费。

2）建筑物，为建造费或者购进价格以及其他有关税费。

3）土地使用权，为取得土地使用权所支付的金额、开发土地的费用以及其他有关税费。

4）机器设备、车船，为购进价格、运输费、安装费以及其他有关税费。

其他财产可参照前款规定的方法确定财产原值。

纳税人未提供完整、准确的财产原值凭证，不能按照规定方法确定财产原值的，由主管税务机关核定财产原值。

（2）应纳税额的计算。财产转让所得适用20%的比例税率，相应的计算公式为：

应纳税额＝应纳税所得额×适用税率

知识要点提醒：个人转让房屋的个人所得税应税收入不含增值税，其取得房屋时所支付价款中包含的增值税计入财产原值，计算转让所得时可扣除的税费不包括本次转让缴纳的增值税。

个人转让股权，以股权转让收入减除股权原值和合理税费后的余额为应纳税所得额，按“财产转让所得”缴纳个人所得税。其中，合理税费是指在股权转让时按照规定支付的有关税费。这些税费以股权转让方为纳税人，以受让方为扣缴义务人。

个人转让限售股，以每次限售股转让收入减除股票原值和合理税费后的余额为应纳税所得额，即

应纳税所得额＝限售股转让收入－(限售股原值＋合理税费)

应纳税额＝[限售股转让收入－(限售股原值＋合理税费)]×20%

限售股转让收入是指转让限售股实际取得的收入。限售股原值是指限售股的买入价及按照规定缴纳的有关税费。合理税费是指在转让限售股过程中发生的印花税、佣金、过户

费等与交易相关的税费。如果纳税人未能提供完整、真实的限售股原值凭证，不能准确计算限售股原值，主管税务机关一律按限售股转让收入的15%核定限售股原值及合理税费。

一般财产转让所得应纳税额的计算公式为：

应纳税额=应纳税所得额×适用税率=(收入总额－财产原值－合理税费)×20%

5. 利息、股息、红利所得应纳税额的计算

(1) 应纳税所得额的确定。利息、股息、红利所得以个人每次取得的收入额为应纳税所得额，不得从收入额中扣除任何费用。其中，每次收入是指支付单位或者个人在每次支付利息、股息、红利时，个人所取得的收入。对于个人从股份公司获得的以股票形式发放的股息红利（以下简称“红股”），以派发红股的票面金额为收入额，计算征收个人所得税。利息、股息、红利所得以支付利息、股息、红利时取得的收入为一次。

个人从公开发行和转让市场取得的上市公司股票，持股期限在1个月以内（含1个月）的，其股息、红利所得全额计入应纳税所得额；持股期限在1个月以上至1年（含1年）的，暂减按50%计入应纳税所得额；持股期限超过1年的，股息、红利所得暂免征收个人所得税。上述所得统一适用20%的税率计征个人所得税。

(2) 应纳税额的计算。利息、股息、红利所得适用20%的比例税率，相应的计算公式为：

应纳税额=应纳税所得额(每次收入额)×适用税率

6. 偶然所得应纳税额的计算

(1) 应纳税所得额的确定。偶然所得以个人的每次收入额为应纳税所得额，不扣除任何费用。偶然所得以每次取得该项收入为一次。除有特殊规定外，每次收入就是应纳税所得额。

(2) 应纳税额的计算。偶然所得适用20%的比例税率，相应的计算公式为：

应纳税额=应纳税所得额(每次收入额)×适用税率

7. 个人所得税计算的特殊问题

(1) 公益性捐赠的计税方法。个人将其所得对教育、扶贫、济困等公益慈善事业进行捐赠，捐赠额未超过纳税人申报的应纳税所得额30%的部分，可以从其应纳税所得额中扣除；国务院规定对公益慈善事业捐赠实行全额税前扣除的，从其规定。

公益性捐赠额的扣除以不超过纳税人申报的应纳税所得额的30%为限，相应的计算公式为：

公益性捐赠的扣除限额=应纳税所得额×30%

实际捐赠额小于公益性捐赠扣除限额的，允许扣除的捐赠额为实际捐赠额；实际捐赠额大于公益性捐赠扣除限额的，只能按捐赠限额扣除。

(2) 境外缴纳税额抵免的计税方法。居民个人从中国境外取得的所得，可以从其应纳税额中抵免已在境外缴纳的个人所得税税额，但抵免额不得超过该纳税人的境外所得依照我国《个人所得税法》的规定计算的应纳税额。

1) 已在境外缴纳的个人所得税税额，是指居民个人来源于中国境外的所得，依照该所得来源国（地区）的法律应当缴纳并且实际已缴纳的个人所得税税额。

2）纳税人的境外所得依照我国《个人所得税法》的规定计算的应纳税额，是居民个人抵免已在境外缴纳的综合所得、经营所得以及其他所得的已纳税额的限额（以下简称“抵免限额”）。除国务院财政、税务主管部门另有规定外，来源于中国境外一个国家（地区）的综合所得抵免限额、经营所得抵免限额以及其他所得抵免限额之和，为来源于该国（地区）所得的抵免限额。

3）居民个人在中国境外一个国家（地区）实际已经缴纳的个人所得税税额，低于依照前款规定计算出的来源于该国（地区）所得的抵免限额的，应当在中国缴纳差额部分的税款；超过来源于该国（地区）所得的抵免限额的，其超过部分不得在本纳税年度的应纳税额中抵免，但可以在以后纳税年度来源于该国（地区）所得的抵免限额的余额中补扣（补扣期限最长不得超过五年）。

4）居民个人申请抵免已在境外缴纳的个人所得税税额，应当提供境外税务机关出具的税款所属年度的有关纳税凭证。

（3）两人以上共同取得同一项目收入的计税方法。两个以上的个人共同取得同一项目收入的，应当对每个人取得的收入分别按照《个人所得税法》的规定计算纳税，即实行“先分、后扣、再税”的办法。

（4）个人无偿受赠房屋产权的计税问题。为加强个人所得税征管，《财政部、国家税务总局关于个人无偿受赠房屋有关个人所得税问题的通知》（财税［2009］78号）就无偿受赠房产个人所得税问题做了相关规定，以下情况免征个人所得税。

1）房屋产权所有人将房屋产权无偿赠予配偶、父母、子女、祖父母、外祖父母、孙子女、外孙子女、兄弟姐妹。

2）房屋产权所有人将房屋产权无偿赠予对其承担直接抚养或赡养义务的抚养人或赡养人。

3）房屋产权所有人死亡，依法取得房屋产权的法定继承人、遗嘱继承人或受遗赠人。

（5）企业年金、职业年金个人所得税的处理。企业年金是指根据《企业年金试行办法》（劳动和社会保障部令第20号）的规定，企业及其职工在依法参加基本养老保险的基础上，自愿建立的补充养老保险制度。职业年金是根据《事业单位职业年金试行办法》（国办发［2011］37号文的附件9）的规定，事业单位及其工作人员在依法参加基本养老保险的基础上建立的补充养老保险制度。

1）企业年金和职业年金缴费的个人所得税处理。企业和事业单位（以下统称“单位”）根据国家有关政策规定的办法和标准，为在本单位任职或者受雇的全体职工缴付的企业年金或职业年金（以下统称“年金”）单位缴费部分，在计入个人账户时，个人暂不缴纳个人所得税。

个人根据国家有关政策规定缴付的年金个人缴费部分，在不超过本人缴费工资计税基数4%标准内的部分，暂从个人当期的应纳税所得额中扣除。

超过上述标准缴付的年金单位缴费和个人缴费部分，应并入个人当期的工资、薪金所得，依法计征个人所得税。税款由建立年金的单位代扣代缴，并向主管税务机关申报解缴。

企业年金的个人缴费工资计税基数为本人上一年度月平均工资。月平均工资按国家统计局规定列入工资总额统计的项目计算。月平均工资超过职工工作地所在设区城市上一年度职工月平均工资300%的部分，不计入个人缴费工资计税基数。

职业年金的个人缴费工资计税基数为职工岗位工资和薪级工资之和。职工岗位工资和薪级工资之和超过职工工作地所在设区城市上一年度职工月平均工资300%的部分，不计入个人缴费工资计税基数。

2）年金基金投资运营收益的个人所得税处理。在年金基金投资运营收益分配计入个人账户时，个人暂不缴纳个人所得税。

3）领取年金的个人所得税处理。个人达到国家规定的退休年龄，在2014年1月1日之后按月领取的年金，全额按照“综合所得”科目适用的税率，计征个人所得税。

对于单位和个人在2014年1月1日之前开始缴付年金缴费，个人在2014年1月1日之后领取年金的，允许其从领取的年金中减除在2014年1月1日之前缴付的年金单位缴费和个人缴费已缴纳个人所得税的部分，就其余额按规定征税。在个人分期领取年金的情况下，可按2014年1月1日之前缴付的年金缴费金额占全部缴费金额的百分比减计当期的应纳税所得额，减计后的余额应按照规定计算缴纳个人所得税。

对个人因出境定居而一次性领取的年金个人账户资金，或个人死亡后，其指定的受益人或法定继承人一次性领取的年金个人账户余额，允许领取人对一次性领取的年金个人账户资金或余额计算缴纳个人所得税。

个人在领取年金时，其应纳税款由受托人代表委托人委托托管人代扣代缴。年金账户管理人应及时向托管人提供个人年金缴费及对应的个人所得税纳税明细。托管人根据受托人指令及账户管理人提供的资料，按照规定计算扣缴个人当期领取年金待遇的应纳税款，并向托管人所在地主管税务机关申报解缴。

建立年金计划的单位、年金托管人应按照《个人所得税法》和《税收征管法》的有关规定，实行全员全额扣缴明细申报。受托人有责任协调相关管理人依法向税务机关办理扣缴申报、提供相关资料。

4）年金计划的资料备案和报送。建立年金计划的单位应于建立年金计划的次月15日内，向其所在地主管税务机关报送年金方案，人力资源和社会保障部门出具的方案备案函、计划确认函，以及主管税务机关要求报送的其他相关资料。年金方案、受托人、托管人发生变化的，应于发生变化的次月15日内重新向其主管税务机关报送上述资料。

（6）个人税收递延型商业养老保险试点的税收处理。

1）试点地区。自2018年5月1日起，在上海市、福建省（含厦门市）和苏州工业园区实施个人税收递延型商业养老保险试点，试点期限暂定一年。

2）试点政策。对试点地区的个人通过个人商业养老资金账户购买符合规定的商业养老保险产品的支出，允许在一定标准内进行税前扣除；计入个人商业养老资金账户的投资收益，暂不征收个人所得税，待个人领取商业养老金时再征收个人所得税。具体规定如下：

①个人缴费税前扣除标准。取得工资、薪金所得，连续性劳务报酬所得的个人，其缴纳的保费在申报扣除当月计算应纳税所得额时准予限额据实扣除，该扣除限额按照当月工资、薪金所得，连续性劳务报酬收入的6%和1 000元孰低办法确定。取得个体工商户生产经营所得、对企事业单位的承包承租经营所得的个体工商户业主、个人独资企业投资者、合伙企业自然人合伙人和承包承租经营者，其缴纳的保费在申报扣除当年计算应纳税所得额时准予限额据实扣除，该扣除限额按照不超过当年应税收入的6%和12 000元孰低办法确定。

取得连续性劳务报酬所得是指纳税人连续6个月以上（含6个月）为同一单位提供劳

务而取得的所得。

②账户的投资收益暂不征税。计入个人商业养老资金账户的投资收益，在缴费期间暂不征收个人所得税。

③个人领取商业养老金征税。个人在达到国家规定的退休年龄时，可按月或按年领取商业养老金，领取期限原则上为终身或不少于 15 年。个人身故、发生保险合同约定的全残或罹患重大疾病的，可以一次性领取商业养老金。

对个人达到规定条件领取的商业养老金收入，其中的 25%予以免税，其余 75%按照 10%的比例税率计算缴纳个人所得税。

3）试点期间的税收征管。

①关于缴费的税前扣除。个人购买符合规定的商业养老保险产品，在享受递延纳税优惠时，以中保信平台出具的税延养老扣除凭证为扣税凭据。取得工资、薪金所得和连续性劳务报酬所得的个人，应及时将相关凭证提供给扣缴单位。扣缴单位应按照有关要求，认真落实个人税收递延型商业养老保险的试点政策，为纳税人办理税前扣除的有关事项。

个人在试点地区从两处或者两处以上取得所得的，只能选择在其中一处享受试点政策。

②关于领取商业养老金的税款征收。个人在按规定领取商业养老金时，由保险公司代扣代缴其应缴的个人所得税。

（七）申报和缴纳

我国个人所得税采取源泉扣缴和自行纳税申报两种方法。

1. 源泉扣缴

个人所得税以所得人为纳税人，以支付所得的单位或者个人为扣缴义务人。

自然人纳税人识别号是自然人纳税人办理各类涉税事项的唯一代码标识。自然人纳税人在办理纳税申报、税款缴纳、申请退税、开具完税凭证、纳税查询等涉税事项时应当向税务机关或扣缴义务人提供纳税人识别号。纳税人有中国居民身份证号码的，以中国居民身份证号码为纳税人识别号；纳税人没有中国居民身份证号码的，由税务机关赋予其纳税人识别号。在扣缴义务人扣缴税款时，纳税人应当向扣缴义务人提供纳税人识别号。

扣缴义务人在向个人支付应税款项时，应当依照《个人所得税法》的规定预扣或者代扣税款，并按时缴库，同时专项记载备查。

支付包括现金支付、汇拨支付、转账支付和以有价证券、实物及其他形式的支付。

非居民个人取得工资、薪金所得，劳务报酬所得，稿酬所得和特许权使用费所得，有扣缴义务人的，由扣缴义务人按月或者按次代扣代缴税款，不办理汇算清缴。

纳税人取得利息、股息、红利所得，财产租赁所得，财产转让所得和偶然所得，按月或者按次计算个人所得税，有扣缴义务人的，由扣缴义务人按月或者按次代扣代缴税款。

扣缴义务人应扣未扣、应收未收税款的，由税务机关向纳税人追缴税款，对扣缴义务人处应扣未扣、应收未收税款 50%以上 3 倍以下的罚款；纳税人、扣缴义务人逃避、拒绝或者以其他方式阻挠税务机关检查的，由税务机关责令改正，可以处 1 万元以下的罚款；情节严重的，处 1 万元以上 5 万元以下的罚款。

税务机关应根据扣缴义务人所扣缴的税款，付给 2%的手续费。

2. 纳税申报

自行纳税申报的范围：

(1) 取得综合所得需要办理汇算清缴。

(2) 取得应税所得没有扣缴义务人。

(3) 取得应税所得，扣缴义务人未扣缴税款。

(4) 取得境外所得。

(5) 因移居境外注销中国户籍。

(6) 非居民个人在中国境内从两处以上取得工资、薪金所得。

(7) 国务院规定的其他情形。

知识要点提醒：从 2019 年起，年收入 12 万元以上，无须再办理自行纳税申报。

(八) 个人所得税的会计核算

1. 扣缴义务人代扣代缴个人所得税的会计核算。

企业代扣的个人所得税必须通过“应交税费——应交代扣个人所得税”科目核算。企业在支付所得、代扣税款时，计入该科目的贷方，待实际上交税金时再计入该科目的借方。

企业为职工代扣代缴个人所得税有两种情况：第一，职工自己承担个人所得税，企业只承担扣缴义务；第二，企业既承担税款，又承担扣缴义务。但是，企业为雇员负担的个人所得税税款，不得在税前扣除，属于纳税调整项目。

(1) 支付工资、薪金所得时应代扣代缴税款的账务处理。

实际发放工资时：

借：应付职工薪酬——工资

　贷：应交税费——应交代扣个人所得税

　　　银行存款或库存现金

上缴税金时：

借：应交税费——应交代扣个人所得税

　贷：银行存款或库存现金

(2) 支付劳务报酬所得、财产租赁所得、财产转让所得时应代扣代缴税款的账务处理。

1) 企业支付劳务报酬所得时应代扣代缴税款的账务处理。

企业支付劳务报酬所得、财产租赁所得时：

借：管理费用（或待摊费用）

　贷：应交税费——应交代扣个人所得税

　　　银行存款或库存现金

上缴税金时：

借：应交税费——应交代扣个人所得税

　贷：银行存款或库存现金

2) 企业支付财产转让所得时应代扣代缴税款的账务处理。

企业支付财产转让所得时：

借：固定资产

贷：银行存款或库存现金

应交税费——应交代扣个人所得税

上缴税金时：

借：应交税费——应交代扣个人所得税

贷：银行存款或库存现金

(3) 支付稿酬所得时应代扣代缴税款的账务处理。

企业支付稿酬时：

借：生产成本等

贷：应交税费——应交代扣个人所得税

银行存款或库存现金

上缴税金时：

借：应交税费——应交代扣个人所得税

贷：银行存款或库存现金

(4) 支付利息、股息、红利所得时应代扣代缴税款的账务处理。

企业支付利息、股息、红利所得时：

借：财务费用

贷：应交税费——应交代扣个人所得税

银行存款或库存现金

上缴税金时：

借：应交税费——应交代扣个人所得税

贷：银行存款或库存现金

(5) 企业未按税法规定履行扣缴义务，被处以罚款，在上交罚款时的账务处理。

借：营业外支出——税收罚款

贷：银行存款或库存现金

2. 建账建制的个体工商户及个人独资企业、合伙企业的投资者应缴个人所得税的账务处理。

计提税金的会计分录为：

借：留存收益或以前年度损益调整

贷：应交税费——应交个人所得税

上缴税金时：

借：应交税费——应交个人所得税

贷：银行存款或库存现金

(九) 个人所得税纳税申报表的填制

1. 个人所得税月份申报表。

表5-6适用于自行申报纳税的个人办理纳税申报手续，除特定行业个人的工资、薪金所得，经营所得外，其他应税项目均适用本表。

（1）所得项目。所得项目填写具体税目，如工资、薪金所得，劳务报酬所得等。

（2）应纳税所得额。若由纳税义务人个人负担税款，为含税收入减除税前扣除费用后的余额；若由公司负担税款，应将不含税收入换算成应税所得。

（3）应纳税额。应纳税额分别按适用的累进税率或比例税率计算。

应纳税额＝应纳税所得额×适用税率－速算扣除数

应纳税额＝应纳税所得额×适用税率

（4）已扣缴税款。如果纳税义务人的所得项目已由支付人扣缴税款，填写实际已缴纳的税款。

（5）应补（退）税款。应补（退）税款为本月应纳税额与已扣缴税款的差额。

表 5－6　个人所得税月份申报表　　表号：SB05001

纳税月份：自　年　月　日至　年　月　日　　填表日期：年　月　日

纳税人编码□□□□□□□□□□□□□□□□□□□　　金额单位：人民币元（列至角分）

根据《中华人民共和国个人所得税法》第九条的规定制定本表，纳税人应在次月 15 日内将税款缴入国库，并向当地税务机关报送本表。

<table>
<tr><td colspan="4">纳税人姓名：</td><td colspan="6">国籍：</td><td colspan="5">抵华日期：</td></tr>
<tr><td colspan="15">在中国境内住址：省、市、县、街道及号数（包括公寓号码）
________公寓　________街道
________省/市　________省</td></tr>
<tr><td colspan="8">在中国境内通信地址（如非上述住址）：</td><td colspan="4">邮编：</td><td colspan="3">电话：</td></tr>
<tr><td colspan="3">职业：</td><td colspan="5">服务单位：</td><td colspan="7">服务地点：</td></tr>
<tr><td rowspan="3">所得项目</td><td rowspan="3">所得期间</td><td colspan="6">收入额</td><td rowspan="3">减费用额</td><td rowspan="3">应纳税所得额</td><td rowspan="3">税率（%）</td><td rowspan="3">速算扣除数</td><td rowspan="3">应纳税额</td><td rowspan="3">已扣缴税款</td><td rowspan="3">应补（退）税款</td></tr>
<tr><td rowspan="2">人民币</td><td colspan="4">外币</td><td rowspan="2">人民币合计</td></tr>
<tr><td>币种</td><td>金额</td><td>外汇牌价</td><td>折合人民币</td></tr>
<tr><td></td><td></td><td></td><td></td><td></td><td></td><td></td><td></td><td></td><td></td><td></td><td></td><td></td><td></td><td></td></tr>
<tr><td></td><td></td><td></td><td></td><td></td><td></td><td></td><td></td><td></td><td></td><td></td><td></td><td></td><td></td><td></td></tr>
<tr><td></td><td></td><td></td><td></td><td></td><td></td><td></td><td></td><td></td><td></td><td></td><td></td><td></td><td></td><td></td></tr>
<tr><td></td><td></td><td></td><td></td><td></td><td></td><td></td><td></td><td></td><td></td><td></td><td></td><td></td><td></td><td></td></tr>
<tr><td></td><td></td><td></td><td></td><td></td><td></td><td></td><td></td><td></td><td></td><td></td><td></td><td></td><td></td><td></td></tr>
<tr><td>授权代理人</td><td colspan="7">（如果你已委托代理人，请填写下列资料）为代理一切税务事宜，现授权________（地址）________为本人代理申报人，任何与本申报表有关的来往文件都可寄予此人。
授权人签字：</td><td>声明</td><td colspan="6">我声明：此纳税申报表是根据《中华人民共和国个人所得税法》的规定填报的，我确信它是真实的、可靠的、完整的。
声明人签字：</td></tr>
</table>

代理申报人（签字）：　　纳税人（签字或盖章）：

2. 个人所得税年度申报表。

表5-7由在中国境内有住所或者是无住所而一个纳税年度内在中国境内居住累计满183天的居民个人于年度终了后30日内向主管税务机关报送，各栏目内容按所得项目分别进行汇总填报。

表5-7　个人所得税年度申报表　　　　表号：SB05002

纳税月份：自　年　月　日至　年　月　日　　　　填表日期：　年　月　日

纳税人编码□□□□□□□□□□□□□□□□□□□　　　　金额单位：人民币元（列至角分）

根据《中华人民共和国个人所得税法》第七条和第九条的规定制定本表。纳税人应在年度终了后30日内将税款缴入国库，并向当地税务机关报送本表。

<table>
<tr><td colspan="3">纳税人姓名：</td><td colspan="5">国籍：</td><td colspan="6">抵华日期：</td></tr>
<tr><td colspan="14">在中国境内住址：省、市、县、街道及号数（包括公寓号码）
______公寓　　______街道
______省/市　　______省</td></tr>
<tr><td colspan="8">在中国境内通信地址（如非上述住址）：</td><td colspan="3">邮编：</td><td colspan="3">电话：</td></tr>
<tr><td colspan="3">职业：</td><td colspan="5">服务单位：</td><td colspan="6">服务地点：</td></tr>
<tr><td colspan="5">中国境内所得已纳税额</td><td colspan="9">境外所得应纳税额</td></tr>
<tr><td>所得项目</td><td>所得期间</td><td>应纳税所得额</td><td>已纳所得税额</td><td>自缴或扣缴</td><td>所得项目</td><td>收入额</td><td>减费用额</td><td>应纳税所得额</td><td>税率（%）</td><td>速算扣除数</td><td>应纳所得税额</td><td>境外已缴税额</td><td></td></tr>
<tr><td></td><td></td><td></td><td></td><td></td><td></td><td></td><td></td><td></td><td></td><td></td><td></td><td></td><td></td></tr>
<tr><td></td><td></td><td></td><td></td><td></td><td></td><td></td><td></td><td></td><td></td><td></td><td></td><td></td><td></td></tr>
<tr><td></td><td></td><td></td><td></td><td></td><td></td><td></td><td></td><td></td><td></td><td></td><td></td><td></td><td></td></tr>
<tr><td></td><td></td><td></td><td></td><td></td><td></td><td></td><td></td><td></td><td></td><td></td><td></td><td></td><td></td></tr>
<tr><td>授权代理人</td><td colspan="7">（如果你已委托代理人，请填写下列资料）
为代理一切税务事宜，现授权______
（地址）______为本人代理申报人，任何与本申报表有关的来往文件都可寄予此人。
授权人签字：</td><td>声明</td><td colspan="5">我声明：此纳税申报表是根据《中华人民共和国个人所得税法》的规定填报的，我确信它是真实的、可靠的、完整的。
声明人签字：</td></tr>
<tr><td colspan="7">代理申报人（签字）：</td><td colspan="7">纳税人（签字或盖章）：</td></tr>
<tr><td colspan="14">以下由税务机关填写</td></tr>
<tr><td colspan="2">收到日期</td><td colspan="5">接收人</td><td colspan="3">审核日期</td><td colspan="4">主管税务机关盖章
主管税务官员签字</td></tr>
<tr><td colspan="2" rowspan="3">境外税额的扣除计算</td><td colspan="5">扣除限额：</td><td colspan="3" rowspan="2">审核记录</td><td colspan="4" rowspan="2"></td></tr>
<tr><td colspan="5">实际扣除额：</td></tr>
<tr><td colspan="12">上年抵免的或结转的税额：</td></tr>
</table>

（1）中国境内所得已纳税额。本栏各项填报要求与个人所得税月份申报表相同，仅要求说明是自行申报或代扣代缴。

（2）境外所得应纳税额。本栏反映中国境外所得全年纳税情况的汇总，主要包括：①“收入额”填写本年中国境外取得的全部收入额。②“应纳所得税额”是境外所得按我国税法的规定应缴纳的个人所得税税额。③抵免外国税额是将抵免限额与纳税人实际缴纳的税款相比，如果境外的已纳税款小于抵免限额，可全额从本年应纳税额中抵扣，不足限额部分为在中国境内应补缴的税款；大于抵免限额，可按限额抵免。

（3）将中国境内所得和境外所得的应纳税所得额、已纳所得税额和抵免税款汇算填表后，应在规定的期限内办理全年税款多退少补手续。

3. 扣缴个人所得税报告表。

表5-8由扣缴义务人在申报扣缴个人所得税时填报，主要包括：①“所得项目”按税法规定项目填报；②“所得期间”填写扣缴义务人支付所得的时间；③“已扣税额”是指扣缴义务人当期实际扣缴的个人所得税税款及减免税额；④扣缴非本单位的税款，须在备注栏反映。

表5-8 扣缴个人所得税报告表

扣缴义务人编码：□□□□□□□□□□□□□□□□□□□□

填表日期： 年 月 日

扣缴义务人名称（公章）： 金额单位：人民币元（列至角分）

序号	纳税人姓名	身份证照类型	身份证照号码	国籍	所得项目	所得期间	收入额	免税收入额	允许扣除的税费	费用扣除标准	准予扣除的捐赠额	应纳税所得额	税率（%）	速算扣除数	应纳税额	已扣税额	备注
1	2	3	4	5	6	7	8	9	10	11	12	13	14	15	16	17	18
合计										—	—	—	—	—			

扣缴义务人声明	我声明，此扣缴申报表是根据《中华人民共和国个人所得税法》的规定填报的，我确信它是真实的、可靠的、完整的。 声明人签字：	
会计主管人签字：	负责人签字：	扣缴单位（或法定代表人）盖章：
受理人（盖章）：	受理日期： 年 月 日	受理税务机关（章）：

国家税务总局监制（本表一式两份，一份扣缴义务人留存，一份报主管税务机关）

三、关键术语

个人所得税的纳税人：在中国境内有住所或者是无住所而一个纳税年度内在中国境内居住累计满183天的个人，以及在中国境内无住所又不居住，或者无住所而一个纳税年度内在中国境内居住累计不满183天的个人。

居民个人：在中国境内有住所或者是无住所而一个纳税年度内在中国境内居住累计满183天的个人。居民个人负有无限纳税义务，其取得的应纳税所得，无论是来源于中国境内还是中国境外任何地方，都要在中国缴纳个人所得税。

非居民个人：不符合居民个人判定标准（条件）的纳税义务人，即在中国境内无住所又不居住，或者无住所而一个纳税年度内在中国境内居住累计不满183天的个人。非居民个人承担有限纳税义务，即仅就其来源于中国境内的所得向中国缴纳个人所得税。

工资、薪金所得：工资、薪金所得是指个人因任职或者受雇而取得的工资、薪金、奖金、年终加薪、劳动分红、津贴、补贴以及与任职或者受雇有关的其他所得。

劳务报酬所得：个人独立从事各种技艺、提供各项劳务取得的报酬。

财产转让所得：个人转让有价证券、股权、建筑物、土地使用权、机器设备、车船以及其他财产取得的所得。

财产租赁所得：个人出租建筑物、土地使用权、机器设备、车船以及其他财产取得的所得。

稿酬所得：个人因其作品以图书、报刊形式出版、发表而取得的所得。

利息、股息、红利所得：个人因拥有债权、股权而取得的利息、股息、红利所得。

特许权使用费所得：个人提供专利权、商标权、著作权、非专利技术以及其他特许权的使用权而取得的所得。

偶然所得：个人得奖、中奖、中彩以及其他偶然性质的所得。

四、习题与答案

（一）术语解释

1. 居民纳税人
2. 非居民纳税人
3. 工资、薪金所得

4. 劳务报酬所得
5. 财产转让所得
6. 财产租赁所得
7. 稿酬所得
8. 利息、股息、红利所得
9. 特许权使用费所得
10. 偶然所得

(二) 填空题

1. 个人所得税是以____为征税对象而征收的一种税。

2. 在中国境内有住所或者无住所而在境内居住满 183 天的个人，从____取得的所得，应当缴纳个人所得税。

3. 在中国境内____或____的个人，仅就其从中国境内取得的所得缴纳个人所得税。

4. 个人所得税以____为纳税义务人，以____为扣缴义务人；非居民个人在两处以上取得工资、薪金所得和没有扣缴义务人的，纳税义务人应当____纳税。

5. 劳务报酬所得、稿酬所得、特许权使用费所得属于一次性收入的，以____为一次；属于同一项目连续性收入的，以____ 为一次。

6. 对于实行查账征收的个体工商户，其生产经营所得以每一纳税年度的收入总额减除____后的余额，为应纳税所得额。

7. 利息、股息、红利所得，偶然所得，以____为应纳税所得额。

8. 专项附加扣除，包括____ 、____、____、____ 、____等支出。

9. 劳务报酬所得适用比例税率预扣预缴，税率为____，对劳务报酬所得一次收入畸高的，即每次应税劳务报酬所得的应纳税所得额____，可以实行____征收，具体办法由国务院确定。

10. 从事生产经营的纳税义务人未提供完整、准确的纳税资料，不能正确计算应纳税所得额的，由____核定其应纳税所得额。

11. 工资、薪金所得适用____税率预扣预缴，稿酬所得适用____的税率预扣预缴。

12. 经营所得的应纳税款，按____计算个人所得税，由纳税义务人在月度或季度终了后 15 日内，向经营管理所在地主管税务机关办理预缴纳税申报。在取得所得的次年____前，向经营管理所在地主管税务机关办理汇算清缴。

13. 个人所得税的计算以____为单位，所得为外国货币的，按国家外汇管理机关规定的外汇牌价折合成____缴纳税款。

14. 纳税义务人从中国境外取得的所得，准予其在应纳税额中扣除____，但扣除额不得超过该纳税义务人境外所得依照____的规定计算的应纳税额。

15. 个人将其所得捐赠给公益事业、教育事业及遭灾地区、贫困地区，捐赠额未超过纳税义务人申报的应纳税所得额____的部分，可以从其应纳税所得额中扣除。

16. 纳税人申请扣除已在境外缴纳的个人所得税税额时，应当提供境外税务机关填发的____。

（三）判断题

1. 个人举报各种违法行为获得的奖金，可以适当减征个人所得税。（ ）

2. 对于股票转让所得，也应征收个人所得税。（ ）

3. 在中国境内外商投资企业工作的外籍人员，其附加减除费用的标准为 4 800 元。（ ）

4. 同一事项连续取得收入的，应以一个月内取得的收入为一次预缴税款。（ ）

5. 纳税义务人从中国境外取得的所得，已在境外缴纳个人所得税的，只要有正式凭据，无论多少，均可在其应纳税额中扣除。（ ）

6. 个人获得的保险赔款应免征个人所得税。（ ）

7. 目前，国家对个人独资企业及合伙企业停征企业所得税，只对其投资者的经营所得征收个人所得税。（ ）

8. 个人独资企业投资者的个人所得税缴纳，应以其全部生产经营所得为基础计算应纳税所得额。（ ）

9. 合伙企业计提的各种准备金均可在税前扣除。（ ）

10. 对利息、股息、红利所得征收个人所得税，在计算应纳税所得额时可以扣除相关手续费。（ ）

（四）单项选择题

1. 下列属于个人所得税居民个人的是（ ）。

A. 在中国境内有住所的个人

B. 在中国境内无住所，且在境内居住超过 90 天但不满 183 天的个人

C. 在中国境内无住所且不居住的个人

D. 在中国境内无住所但在境内居住，一个纳税年度内多次离境且累计超过 200 天

2. 以下不属于个人所得税扣缴义务人的是（ ）。

A. 向非居民纳税人支付其在境外工作期间应获得的工资、薪金所得的境内企业

B. 向居民纳税人支付工资、薪金所得的境内企业

C. 向非居民纳税人支付稿酬所得的境内企业

D. 向居民纳税人支付劳务报酬所得的个人

3. 在下列有关个人所得税税率的说法中，正确的是（ ）。

A. 纳税人的经营所得适用 5%～45%的七级超额累进税率。

B. 个人按市场价格出租居民住房取得的所得，自 2001 年 1 月 1 日起暂按 5%的税率征收个人所得税

C. 居民个人取得的 2011 年储蓄存款利息，按 10%的税率征收个人所得税

D. 利息、股息、红利所得，财产租赁所得，财产转让所得，偶然所得适用 20%的比例税率。

4. 2019 年 1 月，中国居民王某的月工资为 4 600 元，又获得一次性奖金 7 200 元，本

月王某应预缴的个人所得税为（ ）元。

A. 90　　B. 204　　C. 805　　D. 840

5. 2019 年 1 月，某纳税人取得工资 5 100 元，奖金、各种津贴 2 100 元。该纳税人本月应预缴的个人所得税税额为（ ）元。

A. 525　　B. 66　　C. 375　　D. 280

6. 甲企业与其雇员李先生在签订雇佣合同时约定，李先生取得的工资、薪金所得应缴纳的个人所得税由甲企业全额负担，甲企业的财务人员在计算李先生该项所得的应纳税额时，应按照（ ）将雇员取得的不含税收入换算成应纳税所得额。

A. 应纳税所得额=(不含税收入额－费用扣除标准)/(1－税率)

B. 应纳税所得额=(不含税收入额－速算扣除数)/(1－税率)

C. 应纳税所得额=(不含税收入额－费用扣除标准－速算扣除数)/(1－税率)

D. 应纳税所得额=[不含税收入额×(1－税率)－费用扣除标准－速算扣除数]/(1－税率)

7. 某日本人受其供职的境外公司委派，来华从事设备安装调试工作，在华停留 60 天。在此期间，他取得境外公司支付的工资 40 000 元，取得中国体育彩票中奖收入 20 000 元。此人应在中国缴纳个人所得税（ ）元。

A. 4 000　　B. 5 650　　C. 9 650　　D. 10 250

8. 某外国雇员来我国企业安装、调试电器生产线，其于 2019 年 2 月 1 日来华工作，总工期为 9 个月，但 7 月份仅在我国居住 18 天。该外国雇员的工资由外方企业支付，月工资折合人民币 30 000 元。该外国雇员 7 月应在我国缴纳的个人所得税为（ ）元。

A. 5 925　　B. 3 590　　C. 2 975.81　　D. 2 750.63

9. 国内某作家的一篇小说先在某晚报上连载三个月，每月取得稿酬 3 600 元，然后送交出版社出版，一次性取得稿酬 20 000 元，该作家需要预缴的个人所得税为（ ）元。

A. 3 416　　B. 3 449.6　　C. 3 752　　D. 4 009.6

10. 李某为某大学的税务教授。2019 年 1 月，李某利用空余时间为 A 企业提供咨询并取得 5 000 元的收入，同时李某支付中介费用 500 元给中介人；另外，李某到 B 学校讲学，共计 4 次，每次收入均为 2 000 元。合同注明的讲学收入为税后收入。李某应就上述收入在 1 月预缴的个人所得税为（ ）元。

A. 2 000　　B. 1 920　　C. 2 704.76　　D. 2 323.81

11. 2018 年 12 月，张某投资兴办两家独资企业，其中一家 A 企业从事空调销售，另一家 B 企业提供空调安装服务。2019 年，A 企业的经营所得为 205 000 元，已预缴税款 27 000 元；B 企业的经营所得为 59 500 元，已预缴税款 8 150 元。张某应分别就 A 企业的经营所得和 B 企业的经营所得补缴个人所得税税款（ ）元和（ ）元。

A. 11 089.41，1 585.59　　B. 5 862，1 388

C. 0，0　　D. 2 543.83，10 131.17

12. 税法规定，偶然所得应缴纳的个人所得税税款应由（ ）缴纳。

A. 偶然所得的支付单位

B. 偶然所得的个人

C. 偶然所得的个人所在单位

D. 机关指定

13. 个人将其所得通过中国境内的社会组织、国家机关向教育和其他社会公益事业以及遭受自然灾害地区、贫困地区捐赠，捐赠额未超过纳税义务人申报的应纳税所得额（ ）部分，可以从其应纳税所得额中扣除。

A. 20%　　B. 10%　　C. 5%　　D. 30%

14. 下列所得项目中，在计算个人所得税时允许扣除法定费用的是（ ）。

A. 红利所得　　B. 财产租赁所得　　C. 中奖所得　　D. 股息所得

15. 在下列项目中，属于劳务报酬所得的是（ ）。

A. 某记者在所属杂志社的杂志上发表文章取得的报酬

B. 提供电视剧著作权获得的报酬

C. 翻译国外作品并出版取得的报酬

D. 某教师受出版社委托进行审稿取得的报酬

（五）多项选择题

1. 将个人所得税的纳税人区分为居民个人和非居民个人，依据的标准有（ ）。

A. 境内有无住所　　B. 境内工作时间

C. 取得收入的工作地　　D. 境内居住时间

2. 根据我国税法对在中国境内有住所的个人界定，下列陈述正确的是（ ）。

A. 因学习关系而在中国境内居住的个人

B. 因户籍关系而在中国境内习惯性居住的个人

C. 因家庭关系而在中国境内习惯性居住的个人

D. 因探亲而在中国境内居住的个人

3.《中华人民共和国个人所得税法实施条例》规定的附加减除费用的适用范围包括（ ）。

A. 在境内外企工作并取得工资、薪金所得的人员

B. 在境内有住所而在境外任职并取得工资、薪金所得的个人

C. 应聘在中国境内企事业单位工作并取得工资、薪金的外籍专家

D. 应邀出国讲学的中国教授

4. 王某承包了某企业的食堂，该企业每年支付王某承包收入 10 万元，王某不参与分享经营成果；王某承包了一家餐厅，承包合同规定每月支付王某工资 4 000 元，还规定每年要交承包费 50 万元，其余经营成果归王某所有。下列关于个人所得税的说法，正确的是（ ）。

A. 王某承包食堂取得的承包费按照工资、薪金所得征税

B. 王某承包食堂取得的承包费按照对企事业单位承包经营、承租经营所得项目征税

C. 王某承包餐厅取得的工资按照工资、薪金所得征税

D. 王某承包餐厅取得的工资按照经营所得征税

5. 实行查账征收办法的个人独资企业或合伙企业，在计算个人所得税应纳税所得额时，准予从税前扣除的项目包括（ ）。

A. 年度广告费和业务宣传费不超过年销售收入 15%的部分

B. 企业投资者的工资、薪金支出

C. 按规定标准计提的各种准备金

D. 符合规定比例的业务招待费支出

6. 根据税法的规定，非居民个人取得的下列（ ），应依法缴纳个人所得税。

A. 受雇于中国境内的公司且在中国境内工作而取得的工资、薪金所得

B. 在境内工作期间于境外出版、发表作品取得的稿酬所得

C. 购买中国债券、股票而取得的所得

D. 转让中国境内的房屋而取得的财产转让所得

7. 在下列各项中，适用5%～35%的五级超额累进税率征收个人所得税的有（ ）。

A. 企事业单位的承包经营、承租经营所得

B. 个体工商户的生产经营所得

C. 合伙企业的生产经营所得

D. 个人独资企业的生产经营所得

8. 在某企业雇员取得的下列收入中，可按全年一次性奖金的计税方法计算缴纳个人所得税的有（ ）。

A. 实行年薪制的单位发放的年薪

B. 实行绩效工资办法的单位兑现的绩效工资

C. 年终加薪

D. 考勤奖

9. 在下列有关核定个人所得税应纳税所得额的规定中，正确的说法是（ ）。

A. 个人将其所得通过国家机关向贫困地区的捐款，准予从不超过应纳税所得额30%的限额内扣除

B. 个人将非偶然所得用于对外资助的，可全额从应纳税所得额中扣除，不足抵扣的，结转下期抵扣

C. 个人取得的应纳税所得应包括现金、实物和有价证券

D. 个人取得的无凭证实物由税务机关参照当地市场价格核定应税所得

10. 以下有关个人所得税的会计核算，正确的是（ ）。

A. 甲厂在发放工人工资时：

借：应付职工薪酬——工资

　　贷：应交税费——应交代扣个人所得税

　　　　银行存款

B. 某上市企业为其董事发放董事费时：

借：管理费用

　　贷：应交税费——应交代扣个人所得税

　　　　银行存款

C. 某企业为其财务人员发放工资时：

借：财务费用

　　贷：应交税费——应交代扣个人所得税

　　　　银行存款

D. 某企业管理部门租用周先生的设备并支付租赁费时：

借：管理费用

贷：应交税费——应交代扣个人所得税

银行存款

11. 我国个人所得税采取源泉扣缴和自行申报两种纳税方法，以下需要自行申报的情形是（ ）。

A. 从中国境外取得的应税所得

B. 年所得为 12 万元

C. 取得应纳税所得，但扣缴义务人未履行扣缴义务的

D. 非居民个人在中国境内从两处以上取得工资、薪金所得

12. 在以下说法中，正确的是（ ）。

A. 对非居民个人来源于中国境内但支付地在境外的所得，免征个人所得税

B. 个体工商户李某对外投资，从被投资单位分得红利，属投资经营所得，应依照经营所得缴纳个人所得税

C. 投资者家庭的生活费、工资不得在个人独资企业计征个人所得税时扣除

D. 在计算个人所得税应纳税额时，劳务报酬采用定额与定率相结合的方式扣除费用

13. 在对纳税人的经营所得征收个人所得税时，不可税前扣除的项目是（ ）。

A. 业主的工资、薪金　　B. 用于个人和家庭的支出

C. 支付给从业人员的合理的工资、薪金　　D. 税收滞纳金

14. 王女士出租房屋取得的租赁收入在计算个人所得税时，可以扣除的是（ ）。

A. 租赁过程中缴纳的房产税

B. 根据收入的高低使用 800 元或收入额 20%的费用扣除标准

C. 租赁过程中发生的 500 元修缮费用

D. 房屋的折旧

15. 下列所得采用五级超额累进税率计缴个人所得税的有（ ）。

A. 个体工商户的生产经营所得　　B. 个人独资企业

C. 合伙企业　　D. 财产租赁所得

（六）简答题

1. 个人所得税的纳税人是如何规定的？
2. 列举应缴纳个人所得税的所得。
3. 简述财产租赁所得应纳税额的计算。

（七）计算题

1. 中国公民张某是国内 A 上市公司的高管，同时张某持有该公司 5%的股权。张某每月从 A 公司取得 20 000 元的工资收入；自 2019 年 1 月起，张某将其位于市区的一套公寓住房按市价租给 A 公司，每月租金为 8 000 元；2019 年 1 月，张某又取得 A 公司分配的

红利 4 500 元。假如你是 A 公司的会计人员，请计算：截至 2019 年 1 月，张某以上收入应预缴的个人所得税，编制相应的会计分录并填制扣缴个人所得税报告表。（A 上市公司在上海证券交易所上市。）

扣缴个人所得税报告表

扣缴义务人编码：□□□□□□□□□□□□□□□□□□

填表日期：　　年　月　日

扣缴义务人名称（公章）：　　　　　　　　　　　　　　　　金额单位：人民币元（列至角分）

序号	纳税人姓名	身份证照类型	身份证照号码	国籍	所得项目	所得期间	收入额	免税收入额	允许扣除的税费	费用扣除标准	准予扣除的捐赠额	应纳税所得额	税率（%）	速算扣除数	应纳税额	已扣税额	备注
1	2	3	4	5	6	7	8	9	10	11	12	13	14	15	16	17	18
合计										—	—	—	—	—			

扣缴义务人声明	我声明，此扣缴申报表是根据《中华人民共和国个人所得税法》的规定填报的，我确信它是真实的、可靠的、完整的。 声明人签字：	
会计主管人签字：	负责人签字：	扣缴单位（或法定代表人）盖章：
受理人（盖章）：	受理日期：　年　月　日	受理税务机关（章）：

国家税务总局监制（本表一式两份，一份扣缴义务人留存，一份报主管税务机关）

2. 王某是我国著名的税收筹划专家，供职于一家税务师事务所。2019 年 1 月，王某的收入情况如下：

（1）从税务师事务所取得 8 000 元的工资、薪金所得。

（2）在国内 A 上市公司担任独立董事，该月取得独立董事津贴 3 000 元。

（3）取得在深交所挂牌上市的国内 B 公司分配的红利 12 000 元。

（4）为 C 公司员工培训，取得收入 5 000 元。

税务师事务所、B 公司在实际支付款项时均已代扣代缴王某应缴纳的个人所得税，A 公司、C 公司在支付王某报酬时未履行代扣代缴义务。

请计算 2019 年 1 月王某应缴纳的个人所得税并填制个人所得税月份申报表。

个人所得税月份申报表　　　　表号：SB05001

纳税月份：自　年　月　日至　年　月　日　　　　填表日期：　年　月　日

纳税人编码□□□□□□□□□□□□□□□□□□□□　　　　金额单位：人民币元（列至角分）

根据《中华人民共和国个人所得税法》第九条的规定制定本表，纳税人应在次月 15 日内将税款缴入国库，并向当地税务机关报送本表。

<table>
<tr><td colspan="4">纳税人姓名：</td><td colspan="7">国籍：</td><td colspan="4">抵华日期：</td></tr>
<tr><td colspan="15">在中国境内住址：省、市、县、街道及号数（包括公寓号码）
________________公寓　________________街道
________________省/市　________________省</td></tr>
<tr><td colspan="8">在中国境内通信地址（如非上述住址）：</td><td colspan="4">邮编：</td><td colspan="3">电话：</td></tr>
<tr><td colspan="3">职业：</td><td colspan="5">服务单位：</td><td colspan="7">服务地点：</td></tr>
<tr><td rowspan="3">所得项目</td><td rowspan="3">所得期间</td><td colspan="6">收入额</td><td rowspan="3">减费用额</td><td rowspan="3">应纳税所得额</td><td rowspan="3">税率（%）</td><td rowspan="3">速算扣除数</td><td rowspan="3">应纳税额</td><td rowspan="3">已扣缴税款</td><td rowspan="3">应补（退）税款</td></tr>
<tr><td rowspan="2">人民币</td><td colspan="4">外币</td><td rowspan="2">人民币合计</td></tr>
<tr><td>币种</td><td>金额</td><td>外汇牌价</td><td>折合人民币</td></tr>
<tr><td></td><td></td><td></td><td></td><td></td><td></td><td></td><td></td><td></td><td></td><td></td><td></td><td></td><td></td><td></td></tr>
<tr><td></td><td></td><td></td><td></td><td></td><td></td><td></td><td></td><td></td><td></td><td></td><td></td><td></td><td></td><td></td></tr>
<tr><td></td><td></td><td></td><td></td><td></td><td></td><td></td><td></td><td></td><td></td><td></td><td></td><td></td><td></td><td></td></tr>
<tr><td></td><td></td><td></td><td></td><td></td><td></td><td></td><td></td><td></td><td></td><td></td><td></td><td></td><td></td><td></td></tr>
<tr><td></td><td></td><td></td><td></td><td></td><td></td><td></td><td></td><td></td><td></td><td></td><td></td><td></td><td></td><td></td></tr>
<tr><td></td><td></td><td></td><td></td><td></td><td></td><td></td><td></td><td></td><td></td><td></td><td></td><td></td><td></td><td></td></tr>
<tr><td></td><td></td><td></td><td></td><td></td><td></td><td></td><td></td><td></td><td></td><td></td><td></td><td></td><td></td><td></td></tr>
<tr><td>授权代理人</td><td colspan="7">（如果你已委托代理人，请填写下列资料）
为代理一切税务事宜，现授权____________（地址）____________为本人代理申报人，任何与本申报表有关的来往文件都可寄予此人。
授权人签字：</td><td>声明</td><td colspan="6">我声明：此纳税申报表是根据《中华人民共和国个人所得税法》的规定填报的，我确信它是真实的、可靠的、完整的。
声明人签字：</td></tr>
</table>

代理申报人（签字）：　　　　　　纳税人（签字或盖章）：

3. 黄某是某事业单位的职员，业余从事创作工作。2019 年 1 月，黄某取得如下收入：

（1）取得工资 5 500 元，单位为其代付 50%的个人所得税税款。

（2）取得单位的集资利息 10 000 元。

（3）取得国债利息收入 2 000 元。

（4）为某文工团写歌词一首，取得稿酬收入 2 000 元。

（5）出版小说一部，获得稿酬 30 000 元。

（6）该小说在某报上连载，共 10 次，每次支付 700 元。

黄某计算缴纳个人所得税的情况如下。

(1) 单位代扣工资的个人所得税税额为：

(5 500－5 000)×3%＝15(元)

(2) 出版社、报社未预扣预缴稿酬所得的个人所得税。

试根据《个人所得税法》的规定，确定上述代扣代缴税款是否正确；计算出黄某1月纳税所得应补缴个人所得税的数额。

4. 某运输公司是实行查账征收的个人独资企业，共有10名员工（包括投资者蒋某）。2019年，该企业实现的营业收入为80万元，其他业务收入为5万元，营业成本为48万元，税金及附加为10万元，管理费用为9万元，销售费用为2万元，财务费用为3万元，营业外支出为8 000元。该企业当年发生的具体经济业务如下：

(1) 发放的工资总额为38万元，其中投资者蒋某的工资收入为9万元。

(2) 按当年实际发放工资总额的2%、14%、2.5%计提的工会经费、职工福利费、职工教育经费分别为7 600元、53 200元、9 500元。

(3) 全年业务招待费为7 800元。

(4) 全年广告费和业务宣传费共计17 000元。

(5) 通过国家机关向某小学捐赠4 000元。

(6) 计提坏账准备900元。

(7) 该企业1—3季度已预缴个人所得税15 000元。

试根据上述资料，计算2019年汇算清缴时，蒋某应补缴多少个人所得税？并做出相应的会计分录。

5. 孙某为某股份有限公司的技术总监，2019年的收入情况如下：

(1) 每月取得工资12 000元。其中，1月通过红十字会向农村义务教育捐款5 000元，同月取得年终奖60 000元。

(2) 创作小说《青春的故事》，由出版社出版，出版社向孙某预付稿酬6 000元，作品出版后又获得稿酬40 000元；当年，某晚报连续3个月连载该小说，每个月支付稿酬3 500元，孙某共获得连载稿酬10 500元。

(3) 业余时间为某单位搞一项创新设计，取得设计收入10 000元。

(4) 取得从上市公司（该公司在上海证券交易所上市）分配的股息、红利所得50 000元。

(5) 7月购入一批债券，买入价为30 000元，支付的相关税费共计600元。年底将该批债券一次性卖出，卖出价为50 000元，另支付卖出债券的税费共计300元。

(6) 在甲国转让专利取得收入60 000元，在乙国发表专业文章取得稿酬收入5 000元，已分别按收入来源国的税法规定缴纳了个人所得税10 500元和300元。

试根据上述资料，按下列序号计算有关纳税事项，均需计算出合计数：

(1) 计算2019年1月孙某的工资、薪金所得和年终奖应缴纳的个人所得税。

(2) 计算孙某出版小说应缴纳的个人所得税。

(3) 计算孙某在业余时间的创新设计应缴纳的个人所得税。

(4) 计算孙某取得的上市公司股息、红利所得应缴纳的个人所得税。

(5) 计算孙某转让债券应缴纳的个人所得税。

（6）计算孙某的境外所得应补缴的个人所得税。

6. 李某是我国一位医学专家，每月工资收入 10 000 元，其中包括政府特殊津贴 1 000 元。在 2019 年 1—3 月，李某与王某合作出书，从出版社取得稿酬 24 000 元，两人定好按 6∶4 分成；5 月，李某为一制药厂提供一项专有技术，取得特许权使用费 50 000 元；6 月，李某为某医学院做报告，取得收入 3 000 元；该年度 7—10 月李某应邀出访美国和日本，在出访美国期间到某大学讲学，获得收入 2 000 美元（1 美元＝6.78 元人民币），该项所得已在美国缴纳个人所得税 3 220 元；在出访日本期间，通过协商将其另一本专著翻译成日文出版，获得版权收入 50 万日元（100 日元＝7.68 元人民币），该项所得在日本已缴纳个人所得税 5 750 元。

试根据上述资料，依据《个人所得税法》的有关规定，计算 2019 年 1 月李某应预缴的工资、薪金所得的个人所得税税额及截至 10 月 31 日需要预缴的个人所得税情况，按规定填制个人所得税年度申报表，并为出版社、制药厂和医学院编制相应的会计分录。

个人所得税年度申报表　　　　表号：SB05002

纳税月份：自　年　月　日至　年　月　日　　　　填表日期：　年　月　日

纳税人编码□□□□□□□□□□□□□□□□□□□　　　　金额单位：人民币元（列至角分）

根据《中华人民共和国个人所得税法》第七条和第九条的规定，制定本表。纳税人应在年度终了 30 日内将税款缴入国库，并向当地税务机关报送本表。

纳税人姓名：			国籍：					抵华日期：				
在中国境内住址：省、市、县、街道及号数（包括公寓号码） ＿＿＿＿＿＿公寓　＿＿＿＿＿＿街道 ＿＿＿＿＿＿省/市　＿＿＿＿＿＿省												
在中国境内通信地址（如非上述住址）：								邮编：			电话：	
职业：			服务单位：					服务地点：				
中国境内所得已纳税额					境外所得应纳税额							
所得项目	所得期间	应纳税所得额	已纳所得税额	自缴或扣缴	所得项目	收入额	减费用额	应纳税所得额	税率（%）	速算扣除数	应纳所得税额	境外已缴税额

<table>
<tr><td>授权代理人</td><td colspan="3">（如果你已委托代理人，请填写下列资料）
为代理一切税务事宜，现授权________________
（地址）____________________为本人代理申报人，任何与本申报表有关的来往文件都可寄予此人。
授权人签字：</td><td>声明</td><td colspan="2">我声明：此纳税申报表是根据《中华人民共和国个人所得税法》的规定填报的，我确信它是真实的、可靠的、完整的。
声明人签字：</td></tr>
<tr><td colspan="3">代理申报人（签字）：</td><td colspan="4">纳税人（签字或盖章）：</td></tr>
<tr><td colspan="7">以下由税务机关填写</td></tr>
<tr><td colspan="2">收到日期</td><td>接收人</td><td colspan="2">审核日期</td><td colspan="2">主管税务机关盖章
主管税务官员签字</td></tr>
<tr><td colspan="2" rowspan="3">境外税额的扣除计算</td><td>扣除限额：</td><td colspan="2" rowspan="3">审核记录</td><td colspan="2"></td></tr>
<tr><td>实际扣除额：</td><td colspan="2"></td></tr>
<tr><td>上年抵免的或结转的税额：</td><td colspan="2"></td></tr>
</table>

答案解析

（一）术语解释

答案略

（二）填空题

1. 个人（自然人）取得的各项应税所得
2. 境内和境外
3. 无住所又不居住　无住所而在境内居住不满 183 天
4. 所得人　支付所得的单位和个人　自行申报
5. 取得该项收入　一个月内取得的收入
6. 成本、费用以及损失
7. 每次收入额
8. 子女教育　继续教育　大病医疗　住房贷款利息或者住房租金　赡养老人
9. 20%　超过 20 000 元　加成
10. 主管税务机关
11. 七级超额累进　20%
12. 年　3 月 31 日
13. 人民币　人民币
14. 已在境外缴纳的个人所得税税额　《中华人民共和国个人所得税法》
15. 30%
16. 完税凭证的原件

（三）判断题

1. ×　【解析】个人举报各种违法行为获得的奖金，暂免征收个人所得税。

2. ×　【解析】股票转让所得，暂免征收个人所得税。

3. ×　【解析】在中国境内外商投资企业工作的外籍人员，其附加减除费用的标准为 5 000 元。

4. √　【解析】根据有关规定，同一事项连续取得收入的，以一个月内取得的收入为一次计税。

5. ×　【解析】纳税义务人从中国境外取得的所得，准予其在应纳税额中扣除，但扣除额不得超过该纳税义务人的境外所得按照中国税法的规定计算的应纳税额。

6. √　【解析】个人获得的保险赔款属于免征个人所得税的范围。

7. √　【解析】目前对个人独资企业和合伙企业征收个人所得税。

8. √　【解析】个人独资企业在计算个人所得税时应以其全部生产经营所得为基础计算。

9. ×　【解析】合伙企业计提的存货跌价损失等各项准备金不得在税前扣除。

10. ×　【解析】利息、股息、红利所得以个人每次取得的收入为应纳税所得额，不得从收入额中扣除任何费用。

（四）单项选择题

1. A　【解析】居民个人是指在中国境内有住所，或者无住所而在中国境内居住满183天的个人。

2. A　【解析】税法规定，凡支付应纳税所得的单位或个人，都是个人所得税的扣缴义务人。

A选项中非居民纳税人所取得的工资、薪金所得不属于在中国缴纳个人所得税的所得，因此该境内企业也不是扣缴义务人。

3. D　【解析】纳税人的经营所得适用5%～35%的五级超额累进税率预扣预缴；个人按市场价格出租居民住房取得的所得，自2001年1月1日起暂按10%的税率征收个人所得税；居民个人取得的2011年储蓄存款利息免征个人所得税。

4. B　【解析】根据规定，对个人取得的全年一次性奖金，如果在发放年终一次性奖金的月份，当月工资、薪金所得低于税法规定的费用扣除额（5 000元），应将全年一次性奖金减除“雇员当月工资、薪金所得与费用扣除额的差额”后的余额作为应纳税所得额。

王某应缴个人所得税＝[7 200－(5 000－4 600)]×3%＝204(元)

5. B　【解析】根据规定，对雇员取得除全年一次性奖金以外的奖金，如半年奖、季度奖、加班奖、先进奖、考勤奖等，与当月工资、薪金所得合并计算预缴税款，不再单独减除费用。

该纳税人应纳税款＝(5 100＋2 100－5 000)×3%＝66(元)

6. C

7. A　【解析】非居民个人承担有限纳税义务，即仅就其来源于中国境内的所得向中国缴纳个人所得税。

根据有关规定，在中国境内无住所且一个纳税年度中在中国境内连续或累计工作不超过183日的个人，由中国境外雇主支付并且不是由该雇主在中国境内机构负担的工资、薪金所得，免于申报缴纳个人所得税。对前述个人，应仅就其实际在中国境内工作期间由中国境内企业或个人雇主支付或者由中国境内机构负担的工资、薪金所得申报纳税。

该日本人在华只停留了60天，因而其由境外支付而不由中国境内机构负担的工资、薪金所得不在我国纳税，仅就其从中国境内取得的偶然所得在我国纳税。

应纳税款＝20 000×20％＝4 000(元)

8. B 【解析】根据有关规定，在中国境内无住所且一个纳税年度中在中国境内连续或累计工作超过 183 天的个人，其实际在中国境内工作期间取得的由中国境内企业或个人雇主支付和由境外企业或个人雇主支付的工资、薪金所得，均应申报缴纳个人所得税；其在中国境外工作期间取得的工资、薪金所得，除中国境内企业或高层管理人员外，不予征收个人所得税。此时，应适用下述公式：

应纳税所得额＝30 000－5 000＝25 000(元)

应纳税额＝25 000×20％－1 410＝3 590(元)

9. B 【解析】根据规定，对于稿酬所得，以每次出版、发表取得的收入为一次。具体可细分为：

(1) 同一作品再版取得的所得，应视为另一次稿酬所得计征个人所得税。

(2) 同一作品先在报刊上连载，然后再出版，或先出版，再在报刊上连载的，应视为两次稿酬所得征税，即连载作为一次，出版作为另一次。因此，该作家应纳税款的计算如下：

取得小说连载稿酬时每月应纳税款＝3 600×3×(1－20％)×20％×(1－30％)
＝1 209.6(元)

出版取得稿酬的应纳税款＝20 000×(1－20％)×20％×(1－30％)＝2 240(元)

总应预缴税款＝1 209.6＋2 240＝3 449.6(元)

10. D 【解析】咨询收入不能减除付给中介人的费用，应纳税额为 800 元［＝5 000×(1－20％)×20％］；在 B 学校讲学以一个月内取得的收入为一次。

$$1\text{月讲学应纳税所得额}=\frac{2\,000\times4\times(1-20\%)}{1-20\%\times(1-20\%)}=7\,619.05(\text{元})$$

讲学应纳税额＝7 619.05×20％＝1 523.81(元)

1 月合计纳税＝800＋1 523.81＝2 323.81(元)

11. B 【解析】根据规定，投资者兴办两家或两家以上企业，并且企业的性质全部是独资的，年度终了后，在汇算清缴时，应纳税额的计算按以下方法进行：汇总其投资兴办的所有企业的经营所得作为应纳税所得额，以此确定适用税率，计算出全年经营所得的应纳税额，再根据每家企业的经营所得占所有企业经营所得的比例，分别计算出每家企业的应纳税额和应补缴税额。相应的计算公式为：

$$\text{应纳税所得额}=\sum\text{各企业的经营所得}$$

应纳税额＝应纳税所得额×税率－速算扣除数

$$\text{本企业的应纳税额}=\frac{\text{应纳税额}\times\text{本企业的经营所得}}{\sum\text{各企业的经营所得}}$$

本企业应补缴的税额＝本企业的应纳税额－本企业预缴的税额

经计算得到：

$$应纳税所得额 = 205\,000 + 59\,500 = 264\,500(元)$$

$$应纳税额 = 264\,500 \times 20\% - 10\,500 = 42\,400(元)$$

$$A企业应纳税额 = \frac{42\,400 \times 205\,000}{264\,500} = 32\,862(元)$$

$$A企业应补缴的税额 = 32\,862 - 27\,000 = 5\,862(元)$$

$$B企业应纳税额 = \frac{42\,400 \times 59\,500}{264\,500} = 9\,538(元)$$

$$B企业应补缴的税额 = 9\,538 - 8\,150 = 1\,388(元)$$

12. B 【解析】个人所得税的纳税人为取得所得的个人。

13. D 【解析】个人将其所得通过中国境内的社会组织、国家机关向教育和其他社会公益事业以及遭受自然灾害地区、贫困地区捐赠，捐赠额未超过纳税义务人申报的应纳税所得额 30%的部分，可以从其应纳税所得额中扣除。

14. B 【解析】利息、股息、红利所得以个人每次取得的收入为应纳税所得额，不得从收入额中扣除任何费用。对于财产租赁所得来说，每次收入不超过 4 000 元的，减除费用为 800 元；在 4 000 元以上的，减除 20%的费用，其余额为应纳税所得额。除了规定费用和有关税费外，还准予扣除能够提供有效、准确凭证，证明由纳税人负担的该出租财产实际开支的修缮费用。允许扣除的修缮费用以每次 800 元为限，一次扣除不完的，准予在下一次继续扣除，直到扣完为止。

15. D 【解析】A 为工资、薪金所得，B 为特许权使用费，C 为稿酬。

（五）多项选择题

1. AD 【解析】我国判定居民个人与非居民个人的标准有住所和居住时间两个标准。

2. BC 【解析】我国税法将在中国境内有住所的个人界定为：“因户籍、家庭、经济利益关系而在中国境内习惯性居住的个人。”

3. BCD 【解析】附加减除费用所适用的具体范围是：

（1）在中国境内的外商投资企业和外国企业中工作的外籍人员。

（2）应聘在中国境内企业、事业单位、社会组织、国家机关中工作的外籍专家。

（3）在中国境内有住所而在中国境外任职或者受雇取得工资、薪金所得的个人。

（4）财政部确定的取得工资、薪金所得的其他人员。

此外，附加减除费用也适用于华侨和中国香港、中国澳门、中国台湾同胞。

4. AD 【解析】有关承包、承租人按照承包、承租经营合同（协议）规定取得所得的适用税率具体规定如下：

（1）承包、承租人对企业经营成果不拥有所有权，仅是按合同（协议）规定取得一定所得的，其所得按工资、薪金所得项目征税，适用 3%～45%的七级超额累进税率。

（2）承包、承租人按合同（协议）向发包、出租方交纳一定费用后，企业经营成果归其所有的，承包、承租人取得的所得按经营所得项目，适用 5%～35%的五级超额累进税率征税。

5. AD 【解析】个人独资企业和合伙企业投资者的生产经营所得在依法计征个人所

得税时，个人独资企业和合伙企业自然人投资者本人的费用扣除标准统一确定为60 000元/年，即5 000元/月，自然人投资者的工资不得在税前扣除。企业计提的各种准备金也不得在税前列支。

6. ACD 【解析】非居民个人承担有限纳税义务，即仅就其来源于中国境内的所得，向中国缴纳个人所得税。

工资、薪金所得来源地的确定：属于来源于中国境内的工资、薪金所得应为个人实际在中国境内工作期间取得的工资、薪金所得，不论是由中国境内还是境外企业或个人雇主支付，均属来源于中国境内的所得。

因此，B选项属于非居民个人来源于境外的所得，不应在中国缴纳个人所得税。

7. ABCD

8. ABC 【解析】根据规定，全年一次性奖金是指行政机关、企事业单位等扣缴义务人根据其全年经济效益和对雇员全年工作业绩的综合考核情况，向雇员发放的一次性奖金。一次性奖金包括年终加薪、实行年薪制和绩效工资方法的单位根据考核情况兑现的年薪和绩效工资。

雇员取得除全年一次性奖金以外的其他各种名目奖金，如半年奖、季度奖、加班奖、先进奖、考勤奖等，一律与当月工资、薪金所得合并，按税法的规定缴纳个人所得税。

9. CD 【解析】根据规定，个人将其所得通过中国境内的社会组织、国家机关向教育和其他社会公益事业以及遭受严重自然灾害地区、贫困地区捐赠，捐赠额未超过纳税义务人申报的应纳税所得额30%的部分，可以从其应纳税所得额中扣除。

个人的所得（不含偶然所得和经国务院财政部门确定征税的其他所得）用于资助非关联的科研机构和高等学校研究开发新产品、新技术、新工艺所发生的研究开发经费，经主管税务机关确定，可以全额在下月（工资、薪金所得）或下次（按次计征的所得）或当年（按年计征的所得）计征个人所得税时，从应纳税所得额中扣除，不足抵扣的，不得结转抵扣。

个人取得的应纳税所得，包括现金、实物和有价证券。所得为实物的，应当按照取得的凭证上注明的价格计算应纳税所得额；无凭证的实物或者凭证上注明的价格明显偏低的，由主管税务机关参照当地的市场价格核定应纳税所得额。

10. ABD 【解析】C选项正确的会计分录为：

借：管理费用

　贷：应交税费——应交代扣个人所得税

　　　银行存款

11. ACD 【解析】自2019年起，年收入12万元以上，无须再办理自行纳税申报。

12. CD 【解析】A选项不正确。根据规定，对在我国境内居住不超过183天的非居民个人来源于中国境内但支付地点在境外且不由中国境内机构负担的所得，免征个人所得税。

B选项不正确。个体工商户与生产经营无关的各项应税所得，应分别按各应税项目的规定计算征收个人所得税。B选项中分得的红利应按“利息、股息、红利所得”项目征收个人所得税。

13. ABD 【解析】经营所得以每一纳税年度的收入总额减除成本、费用以及损失后的余额，为应纳税所得额。然而，业主的工资、薪金支出不得税前扣除。个体工商户业主的费用扣除标准，依照相关法律、法规和政策规定执行。此外，纳税人的下列支出不得扣除：①个人所得税税款。②税收滞纳金。③罚金、罚款和被没收财物的损失。④不符合扣除规定的捐赠支出。⑤赞助支出。⑥用于个人和家庭的支出。⑦与取得生产经营收入无关的其他支出。⑧国家税务总局规定不准扣除的支出。

14. ABC 【解析】对于财产租赁所得来说，每次收入不超过 4 000 元的，减除费用为 800 元；在 4 000 元以上的，减除 20%的费用，其余额为应纳税所得额。在确定财产租赁的应纳税所得额时，纳税人在出租财产过程中缴纳的税金和教育费附加，可持完税（缴款）凭证，从其财产租赁收入中扣除。此外，准予扣除的项目除了规定费用和有关税费外，还准予扣除能够提供有效、准确凭证，证明由纳税人负担的该出租财产实际开支的修缮费用。

15. ABC 【解析】合伙企业个人所得税的缴纳是“先分后税”，也就是合伙企业在计算出应纳税所得额后，先分配给每个合伙人，由每个合伙人再按照五级超额累进税率计税。

（六）简答题

1.【解析】

根据《中华人民共和国个人所得税法》的规定，个人所得税的纳税人是指在中国境内有住所，或者虽无住所但在境内居住满 183 天的个人，以及无住所又不居住或居住不满 183 天但从中国境内取得所得的个人。

参照国际惯例，我国同时行使居民管辖权和地域管辖权，所以将纳税人按住所和居住时间标准划分为居民个人与非居民个人。

居民个人是指在中国境内有住所，或者虽无住所但在中国境内居住满 183 天的个人。居民个人承担无限纳税义务，即其境内外全部所得都要在中国纳税。

非居民个人是指不符合居民个人判定标准（条件）的纳税人，即在中国境内无住所又不居住或者无住所而在中国境内居住不满 183 天的个人。非居民个人只承担有限纳税义务，即只就其来源于中国境内的所得征收个人所得税。

2.【解析】

（1）工资、薪金所得，是指个人因任职或者受雇而取得的工资、薪金、奖金、年终加薪、劳动分红、津贴、补贴以及与任职或者受雇有关的其他所得。

（2）劳务报酬所得，是指个人从事劳务取得的所得，包括从事设计、装潢、安装、制图、化验、测试、医疗、法律、会计、咨询、讲学、翻译、审稿、书画、雕刻、影视、录音、录像、演出、表演、广告、展览、技术服务、介绍服务、经纪服务、代办服务以及其他劳务取得的所得。

（3）稿酬所得，是指个人因其作品以图书、报刊等形式出版、发表而取得的所得。这里所说的“作品”包括中外文字、图片、乐谱等能以图书、报刊方式出版、发表的作品，具体包括本人的著作、翻译的作品等。

（4）特许权使用费所得，是指个人提供专利权、商标权、著作权、非专利技术以及其他特许权的使用权取得的所得。提供著作权的使用权取得的所得，不包括稿酬所得。

（5）经营所得，是指个体工商户从事生产经营活动取得的所得，个人独资企业投资人、合伙企业的个人合伙人来源于境内注册的个人独资企业、合伙企业生产经营的所得，个人依法从事办学、医疗、咨询以及其他有偿服务活动取得的所得，个人对企业、事业单位承包经营、承租经营以及转包、转租取得的所得，个人从事其他生产经营活动取得的所得。

(6) 利息、股息、红利所得，是指个人因拥有债权、股权而取得的利息、股息、红利所得。

(7) 财产租赁所得，是指个人出租不动产、机器设备、车船以及其他财产取得的所得。

(8) 财产转让所得，是指个人转让有价证券、股权、合伙企业中的财产份额、不动产、机器设备、车船以及其他财产取得的所得。

(9) 偶然所得，是指个人得奖、中奖、中彩以及其他偶然性质的所得。

3.【解析】

(1) 应纳税所得额的确定。财产租赁所得的费用扣除计算方法与劳务报酬所得、稿酬所得、特许权使用费所得相同。财产租赁所得以一个月内取得的收入为一次。

财产租赁所得的每次收入不超过 4 000 元的，减除费用 800 元；4 000 元以上的，减除 20%的费用，其余额为应纳税所得额。在确定财产租赁所得的应纳税所得额时，纳税人在出租财产过程中缴纳的税金和教育费附加，可持完税（缴款）凭证，从其财产租赁所得中扣除。此外，准予扣除的项目除了规定费用和有关税费外，还准予扣除能够提供有效、准确凭证，证明由纳税人负担的该出租财产实际开支的修缮费用。允许扣除的修缮费用，以每次 800 元为限。一次扣除不完的，准予在下一次继续扣除，直到扣完为止。

1) 每次（月）收入不超过 4 000 元的，应纳税所得额的计算公式为：

$$\text{应纳税所得额}=\text{每次(月)收入额}-\text{准予扣除项目}-\text{修缮费用(以 800 元为限)}-800$$

2) 每次（月）收入超过 4 000 元的，应纳税所得额的计算公式为：

$$\begin{matrix}\text{应纳税}\\\text{所得额}\end{matrix}=\left[\begin{matrix}\text{每次(月)}\\\text{收入额}\end{matrix}-\begin{matrix}\text{准予扣除}\\\text{项目}\end{matrix}-\begin{matrix}\text{修缮费用}\\\text{(以 800 元为限)}\end{matrix}\right]\times(1-20\%)$$

(2) 应纳税额的计算。财产租赁所得适用 20%的比例税率，但对个人出租居民住房取得的所得，暂按 10%的税率征税。

财产租赁所得应纳税额的计算公式为：

$$\text{应纳税额}=\text{应纳税所得额}\times\text{适用税率}$$

（七）计算题

1.【解析】

$$\text{工资收入应纳税款}=(20\,000-5\,000)\times3\%=450(\text{元})$$

借：应付职工薪酬——工资　　20 000

　贷：应交税费——应交代扣个人所得税　　450

　　　银行存款　　19 550

根据规定，个人按市场价格出租居民住房取得的所得，自 2001 年 1 月 1 日起，暂减按 10%的税率征收个人所得税。因此，有

$$\text{财产租赁收入应纳税额}=8\,000\times(1-20\%)\times10\%=640(\text{元})$$

借：管理费用　　8 000

　贷：应交税费——应交代扣个人所得税　　640

　　　银行存款　　7 360

根据规定，对个人投资者和证券投资基金从上海、深圳两个证券交易所挂牌交易的上市公司取得的股息、红利所得，暂减按 50%计入应纳税所得额。因此，有

股息、红利所得应纳税额=4 500×50%×20%=450(元)

借：应付股利　　4 500

　贷：应交税费——应交代扣个人所得税　　450

　　　银行存款　　4 050

扣缴个人所得税报告表

扣缴义务人编码：□□□□□□□□□□□□□□□□□□□□

填表日期：2019 年 2 月 15 日

扣缴义务人名称（公章）：　　金额单位：人民币元（列至角分）

序号	纳税人姓名	身份证照类型	身份证照号码	国籍	所得项目	所得期间	收入额	免税收入额	允许扣除的税费	费用扣除标准	准予扣除的捐赠额	应纳税所得额	税率(%)	速算扣除数	应纳税额	已扣税额	备注
1	2	3	4	5	6	7	8	9	10	11	12	13	14	15	16	17	18
合计										—	—	—	—	—			
	张某				工资薪金	1月	20 000			5 000		15 000	3	0	450		
	张某				财产租赁所得	1月	8 000			1 600		6 400	10		640		
	张某				股息所得	1月	4 500			2 250		2 250	20		450		

扣缴义务人声明	我声明，此扣缴申报表是根据《中华人民共和国个人所得税法》的规定填报的，我确信它是真实的、可靠的、完整的。 声明人签字：	
会计主管人签字：	负责人签字：	扣缴单位（或法定代表人）盖章：
受理人（盖章）：	受理日期：　年　月　日	受理税务机关（章）：

国家税务总局监制（本表一式两份，一份扣缴义务人留存，一份报主管税务机关）

2.【解析】

（1）工资、薪金所得的应纳税款为 90 元［=(8 000－5 000)×3%］。

（2）根据规定，个人担任公司董事、监事，且不在公司任职、受雇的情况下，董事费按劳务报酬所得项目征税。

取得独立董事津贴应纳税额=(3 000－800)×20%=440(元)

（3）取得红利的应纳税额为 1 200 元（=12 000×50%×20%）。

（4）取得培训收入的应纳税额为 800 元［=5 000×(1－20%)×20%］。

王某 1 月应纳个人所得税总额=90+440+1 200+800=2 530(元)

由于税务师事务所、B公司已代扣代缴王某应缴纳的个人所得税，而A公司、C公司并未代扣代缴，因此王某无须对工资、薪金所得和红利所得填制个人所得税月份申报表，只需就独立董事津贴和培训收入填制。

个人所得税月份申报表

表号：SB05001

纳税月份：自 2019 年 1 月 1 日至 2019 年 1 月 31 日　　填表日期：2019 年 2 月 5 日

纳税人编码□□□□□□□□□□□□□□□□□□　　金额单位：人民币元（列至角分）

根据《中华人民共和国个人所得税法》第九条的规定制定本表，纳税人应在次月 15 日内将税款缴入国库，并向当地税务机关报送本表。

<table>
<tr><td colspan="3">纳税人姓名：</td><td colspan="7">国籍：</td><td colspan="5">抵华日期：</td></tr>
<tr><td colspan="15">在中国境内住址：省、市、县、街道及号数（包括公寓号码）
______________公寓　　______________街道
______________省/市　　______________省</td></tr>
<tr><td colspan="8">在中国境内通信地址（如非上述住址）：</td><td colspan="4">邮编：</td><td colspan="3">电话：</td></tr>
<tr><td colspan="3">职业：</td><td colspan="5">服务单位：</td><td colspan="7">服务地点：</td></tr>
<tr><td rowspan="3">所得项目</td><td rowspan="3">所得期间</td><td colspan="6">收入额</td><td rowspan="3">减费用额</td><td rowspan="3">应纳税所得额</td><td rowspan="3">税率（%）</td><td rowspan="3">速算扣除数</td><td rowspan="3">应纳税额</td><td rowspan="3">已扣缴税款</td><td rowspan="3">应补（退）税款</td></tr>
<tr><td rowspan="2">人民币</td><td colspan="4">外币</td><td rowspan="2">人民币合计</td></tr>
<tr><td>币种</td><td>金额</td><td>外汇牌价</td><td>折合人民币</td></tr>
<tr><td>劳务报酬</td><td>1月</td><td>3 000</td><td></td><td></td><td></td><td></td><td>3 000</td><td>800</td><td>2 200</td><td>20</td><td>0</td><td>440</td><td>0</td><td>440</td></tr>
<tr><td>劳务报酬</td><td>1月</td><td>5 000</td><td></td><td></td><td></td><td></td><td>5 000</td><td>1 000</td><td>4 000</td><td>20</td><td>0</td><td>800</td><td>0</td><td>800</td></tr>
<tr><td></td><td></td><td></td><td></td><td></td><td></td><td></td><td></td><td></td><td></td><td></td><td></td><td></td><td></td><td></td></tr>
<tr><td></td><td></td><td></td><td></td><td></td><td></td><td></td><td></td><td></td><td></td><td></td><td></td><td></td><td></td><td></td></tr>
<tr><td></td><td></td><td></td><td></td><td></td><td></td><td></td><td></td><td></td><td></td><td></td><td></td><td></td><td></td><td></td></tr>
<tr><td></td><td></td><td></td><td></td><td></td><td></td><td></td><td></td><td></td><td></td><td></td><td></td><td></td><td></td><td></td></tr>
<tr><td></td><td></td><td></td><td></td><td></td><td></td><td></td><td></td><td></td><td></td><td></td><td></td><td></td><td></td><td></td></tr>
</table>

授权代理人	（如果你已委托代理人，请填写下列资料）为代理一切税务事宜，现授权______（地址）______为本人代理申报人，任何与本申报表有关的来往文件都可寄予此人。 授权人签字：	声明	我声明：此纳税申报表是根据《中华人民共和国个人所得税法》的规定填报的，我确信它是真实的、可靠的、完整的。 声明人签字：

代理申报人（签字）： 纳税人（签字或盖章）：

3.【解析】

黄某的计算是错误的：

（1）工资的申报纳税情况是错误的，应按照雇主为其雇员负担个人所得税税款的计征方法计算。根据《国家税务总局关于雇主为其雇员负担个人所得税税款计征问题的通知》（国税发［1996］199号）的规定，雇主为其雇员负担一定比例（部分）的工资应纳税款时，应将雇员取得的不含税收入额换算为“未含雇主负担税款的工资、薪金收入额”，同时将速算扣除数和税率分别乘以上述的“负担比例”，换算出应纳税所得额，并计算出应纳税额。

$$工资应纳个人所得税税额=\frac{5\,500-5\,000}{1-3\%\times 50\%}\times 3\%=15.23(元)$$

全年单位负担50%的税款，已代扣代缴的个人所得税为15元，按《个人所得税法》规定的自行申报纳税规定，则有

$$黄某1月应补缴个人所得税税额=15.23-15=0.23(元)$$

（2）出版社、报社未预扣预缴个人所得税是错误的。按《个人所得税法》的规定，凡支付应税所得的单位或个人，都是个人所得税的扣缴义务人，因此出版社、报社应预扣预缴个人所得税。

$$稿酬所得的应纳税额=30\,000\times(1-20\%)\times 20\%\times(1-30\%)=3\,360(元)$$

按《个人所得税法》的规定，连载收入作为一次收入征税，故

$$连载收入应纳个人所得税税额=700\times 10\times(1-20\%)\times 20\%\times(1-30\%)=784(元)$$

其他项目也应依法征税：

1）在利息收入中，国债利息收入免税，但单位集资利息收入应依法征税。

$$应纳税额=10\,000\times 20\%=2\,000(元)$$

2）为文工团写歌词也应征税，但未公开发表，按劳务报酬所得征税。

$$应纳税额=(2\,000-800)\times 20\%=240(元)$$

$$本月黄某应预缴纳税总额=15.23+3\,360+784+2\,000+240=6\,399.23(元)$$

扣除代扣代缴税款金额，黄某应补缴的税款为6 384.23元（=6 399.23－15）。

4.【解析】

（1）营业利润为12.2万元（=80＋5－48－10－9－2－3－0.8）。

(2) 允许扣除的投资者生计费用为 60 000 元(=5 000×12),所以应调增应纳税所得额 30 000 元(=90 000-60 000)。

(3) 业务招待费的扣除限额为 4 250 元[=(800 000+50 000)×5‰]<4 680 元(=7 800×60%)。

应调增应纳税所得额=7 800-4 250=3 550(元)

(4) 广告费和业务宣传费的扣除限额为 127 500 元 [=(800 000+50 000)×15%]>17 000 元,因此广告费和业务宣传费不需要调整,可据实扣除。

(5) 企业通过国家机关向某小学捐赠 4 000 元可税前扣除(提示:未超过应纳税所得额的 30%)。

(6) 计提的坏账准备不得税前扣除。

(7) 2019 年该企业的应纳税所得额为 156 450 元(=122 000+30 000+3 550+900)。

应纳税额=156 450×20%-10 500=20 790(元)

汇算清缴应补税款=20 790-15 000=5 790(元)

蒋某在上缴个人所得税时:

借:应交税费——应交个人所得税 5 790

　贷:银行存款 5 790

5.【解析】

(1) 工资应缴纳的个人所得税为 60 元[=(12 000-5 000-5 000)×3%];年终奖的月均值为 5 000 元(=60 000/12),适用 3%的税率,速算扣除数为 0 元;应纳税额为 1 800 元(=60 000×3%);工资和年终奖应纳税合计为 1 860 元(=60+1 800);通过红十字会向农村义务教育捐款 5 000 元,可全额免征个人所得税。

(2) 出版小说应缴纳的个人所得税为 6 328 元[=(6 000+40 000)×(1-20%)×20%×(1-30%)+10 500×(1-20%)×20%×(1-30%)]。

(3) 在业余时间的创新设计应缴纳的个人所得税为 1 600 元 [=10 000×(1-20%)×20%]。

(4) 取得上市公司股息应缴纳的个人所得税为 5 000 元(=50 000×50%×20%)。

(5) 转让债券属于财产转让所得,以每次转让财产取得的收入额减除财产原值和相关税费后的余额为应纳税所得额。

卖出债券应缴纳的个人所得税税额=(50 000-30 000-600-300)×20%
=3 820(元)

(6) 甲国转让专利按我国税法规定计算的应纳税额(即抵扣限额)为:

抵扣限额=60 000×(1-20%)×20%=9 600(元)

因其实际境外纳税 10 500 元超过限额,故境外已纳税款只能抵扣 9 600 元,并不需要在我国补税,超限额部分(即 900 元)不得在本年度应纳税额中抵扣,只能在以后 5 个纳税年度内,从来自甲国所得的未超限额部分补扣。

对于来自乙国的稿酬收入,按我国税法规定计算的应纳税额(即抵扣限额)为:

抵扣限额 $=5\,000\times(1-20\%)\times20\%\times(1-30\%)=560$（元）

因其实际境外纳税300元未超限额，故境外已纳税款可全额抵扣，并需要在我国补税：

应补税款 $=560-300=260$（元）

6.【解析】

李某应纳个人所得税税额的计算如下：

（1）在李某的工资收入中，政府特殊津贴免缴个人所得税。

工资所得每月应纳个人所得税税额 $=[(10\,000-1\,000-5\,000)\times3\%]=120$（元）

实际支付工资时：

借：应付职工薪酬——工资　10 000
　贷：应交税费——应交个人所得税　120
　　银行存款　9 880

缴纳税款时：

借：应交税费——应交个人所得税　120
　贷：银行存款　120

（2）稿酬收入应纳个人所得税。

应纳个人所得税税额 $=24\,000\times0.6\times(1-20\%)\times20\%\times(1-30\%)=1\,612.8$（元）

实际支付稿酬时（不考虑支付给王某的稿酬）：

借：生产成本等　14 400
　贷：应交税费——应交个人所得税　1 612.8
　　银行存款　12 787.2

缴纳税款时：

借：应交税费——应交个人所得税　1 612.8
　贷：银行存款　1 612.8

（3）转让专有技术取得的特许权使用费所得应纳个人所得税。

应纳个人所得税税额 $=50\,000\times(1-20\%)\times20\%=8\,000$（元）

实际支付时：

借：无形资产　50 000
　贷：应交税费——应交个人所得税　8 000
　　银行存款　42 000

缴纳税款时：

借：应交税费——应交个人所得税　8 000
　贷：银行存款　8 000

（4）为医学院做报告取得的劳务报酬收入应纳个人所得税。

劳务报酬所得应纳个人所得税税额 $=(3\,000-800)\times20\%=440$（元）

实际支付时：

借：应付职工薪酬——劳务费　3 000
　贷：应交税费——应交个人所得税　440
　　银行存款　2 560

缴纳税款时：

借：应交税费——应交个人所得税　440
　贷：银行存款　440

税法规定，纳税义务人从中国境外取得的所得，准予其在应纳税额中扣除已在境外缴纳的个人所得税税额，但扣除额不得超过该纳税义务人境外所得依照我国税法规定计算的应纳税额。

对于境外所得的个人所得税扣除，我国采用分国不分项的方法扣除，即从同一国家取得的所得，各项目先分别计算各自的抵免限额，然后将各项目的抵免限额相加，减去在该国缴纳的税额合计，从而计算是否应补缴个人所得税。

（5）在美国讲学收入的征税：

抵免限额＝2 000×6.78×(1－20%)×20%＝2 169.6(元)

该项所得在美国的实纳税额为3 220元，两者相比较，实纳税额比抵免限额高，该项收入按我国税法规定，不用再缴纳个人所得税，而且超过抵免限额的1 050.4元（＝3 220－2 169.6）可在以后5年内从该国或者地区抵免限额的余额中补扣。

（6）在日本的版权收入属特许权使用费所得，按下列办法征税：

抵免限额＝500 000÷100×7.68×(1－20%)×20%＝6 144(元)

在日本实际纳税额＝5 750(元)

在我国需要补缴个人所得税税额＝6 144－5 750＝394(元)

个人所得税年度申报表　表号：SB05002

纳税月份：自2019年1月1日至2019年10月31日　填表日期：2019年11月5日

纳税人编码□□□□□□□□□□□□□□□□□□　金额单位：人民币元（列至角分）

纳税人姓名：			国籍：					抵华日期：				
在中国境内住址：省、市、县、街道及号数（包括公寓号码） ________公寓　________街道 ________省/市　________省												
在中国境内通信地址（如非上述住址）：							邮编：			电话：		
职业：			服务单位：				服务地点：					
中国境内所得已纳税额					境外所得应纳税额							
所得项目	所得期间	应纳税所得额	已纳所得税额	自缴或扣缴	所得项目	收入额	减费用额	应纳税所得额	税率（%）	速算扣除数	应纳所得税额	境外已缴税额
工资薪金	1月	4 000	120	代扣	劳务报酬	13 560	2 712	10 848	20	0	2 169.6	3 220

稿酬收入	1—3月	11 520	1 612.8	代扣	特许权收入	38 400	7 680	30 720	20	0	6 144	5 750
特许权使用费	5月	40 000	8 000	代扣								
劳务报酬	6月	2 200	440	代扣								

<table>
<tr><td>授权代理人</td><td colspan="3">（如果你已委托代理人，请填写下列资料）
为代理一切税务事宜，现授权________
（地址）________为本人代理申报人，任何与本申报表有关的来往文件都可寄予此人。
授权人签字：</td><td>声明</td><td colspan="2">我声明：此纳税申报表是根据《中华人民共和国个人所得税法》的规定填报的，我确信它是真实的、可靠的、完整的。
声明人签字：</td></tr>
<tr><td colspan="3">代理申报人（签字）：</td><td colspan="4">纳税人（签字或盖章）：</td></tr>
<tr><td colspan="7">以下由税务机关填写</td></tr>
<tr><td>收到日期：</td><td colspan="2">接收人：</td><td>审核日期：</td><td colspan="3">主管税务机关盖章：
主管税务官员签字：</td></tr>
<tr><td rowspan="3">境外税额的扣除计算</td><td colspan="2">扣除限额：</td><td rowspan="3">审核记录</td><td colspan="3"></td></tr>
<tr><td colspan="2">实际扣除额：</td><td colspan="3"></td></tr>
<tr><td colspan="2">上年抵免的或结转的税额：</td><td colspan="3"></td></tr>
</table>

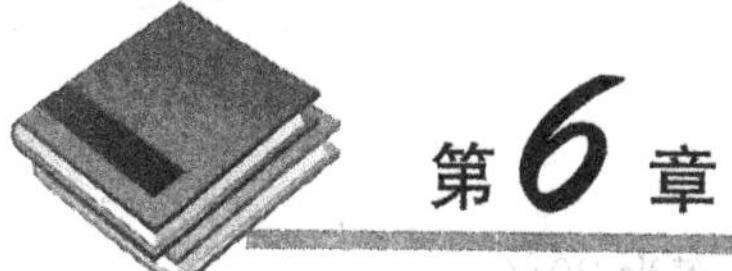

第6章 土地增值税的会计核算

一、学习目的与要求

通过本章的学习，学生应了解土地增值税的概念和特点，掌握土地增值税应税收入及扣除项目的确定方法和土地增值税的会计核算及纳税申报。

二、重点与难点

（一）土地增值税的概念

土地增值税是对转让国有土地使用权、地上建筑物及其附着物并取得收入的单位和个人，就其转移房地产所取得的增值额征收的一种税。

（二）土地增值税的基本征税范围

（1）转让土地使用权、地上的建筑物及其附着物。

（2）出让集体土地使用权、地上的建筑物及其附着物，或以集体土地使用权、地上的建筑物及其附着物作价出资、入股。

（三）土地增值税的税率

土地增值税实行四级超率累进税率：

(1) 土地增值额未超过扣除项目金额50%的部分，税率为30%。

(2) 土地增值额超过扣除项目金额50%、未超过扣除项目金额100%的部分，税率为40%。

(3) 土地增值额超过扣除项目金额100%、未超过扣除项目金额200%的部分，税率为50%。

(4) 土地增值额超过扣除项目金额200%的部分，税率为60%。

这四级超率累进税率每级“增值额未超过扣除项目金额”的比例，均包括该比例数。

（四）土地增值税的计算

1. 收入总额的确定。

收入总额是指纳税人转移房地产取得的全部收入，包括货币收入和非货币收入。其中，货币收入是指纳税人转移房地产取得的现金、银行存款、支票、本票、汇票等信用票据和国库券、金融债券、企业债券、股票等有价证券。这类收入的实质是转让方因转让土地使用权、房屋产权而向取得方收取的价款。非货币收入包括实物收入和其他收入。实物收入是指纳税人转移房地产取得的各种实物形态的收入，如钢材、水泥等建材，房屋、土地不动产等。实物收入的价值不易确定，一般需要通过评估确定。其他收入是指纳税人转移房地产取得的无形资产收入或具有财产价值的权利，如专利权、商标权、著作权、专有技术使用权、土地使用权、商誉权等。这类收入的价值确定需要通过专门的评估。

2. 准予扣除项目金额的确定。

(1) 取得土地使用权所支付的金额，即纳税人为取得土地所有权所支付的地价款（土地出让金）和按国家统一规定缴纳的有关税费。

(2) 开发土地的成本、费用。房地产开发成本是指纳税人开发项目实际发生的成本，包括土地征用及拆迁补偿费、前期工程费、建筑安装工程费、基础设施费、公共配套设施费等间接费用。

房地产开发费用是指与房地产开发项目有关的销售费用、管理费用、财务费用。

(3) 新建房及配套设施的成本、费用或者旧房及建筑物的评估价格。旧房及建筑物的评估价格是指在转让已使用的房屋及建筑物时，由政府批准设立的房地产评估机构评定的重置成本价乘以成新率后的价格。

(4) 与转移房地产有关的税金，是指在转移房地产时已缴纳的城市维护建设税、印花税等。纳税人在转移房地产时缴纳的教育费附加可视同税金扣除。

(5) 国务院规定的其他扣除项目。

3. 土地增值税的计算步骤。

第一步，计算收入总额。

第二步，计算扣除项目总额。

第三步，用收入总额减扣除项目金额计算增值额。

土地增值额＝转移房地产收入－规定扣除项目金额

第四步，计算增值额与扣除项目之间的比例，以确定适用税率的档次和速算扣除系数。

第五步，套用公式计算应纳税额。相应的计算公式为：

应纳税额＝增值额×税率－扣除项目金额×速算扣除系数

（五）土地增值税的会计核算

企业应在“应交税费”科目下设置“应交土地增值税”明细科目来核算土地增值税的发生与缴纳情况，其贷方反映企业计算出的应交土地增值税，借方反映企业实际缴纳的土地增值税，期末贷方余额反映企业应交而未交的土地增值税。

1. 房地产企业对土地增值税的会计处理。

房地产企业是指主要经营房地产买卖业务的企业，其在计提土地增值税时，借记“税金及附加”科目，贷记“应交税费——应交土地增值税”科目。在实际上缴时，借记“应交税费——应交土地增值税”科目，贷记“银行存款”等科目。

兼营房地产业务的企业在计提土地增值税时，借记“税金及附加”等科目，贷记“应交税费——应交土地增值税”科目。在实际上缴时，借记“应交税费——应交土地增值税”科目，贷记“银行存款”等科目。

2. 非房地产业企业转移房地产缴纳土地增值税的会计处理。

（1）企业转让土地使用权连同地上已完工交付使用的建筑物及附着物，在“固定资产”“固定资产清理”等有关科目中反映。在转让时，借记“固定资产清理”“累计折旧”等科目，贷记“固定资产”科目。在取得转让收入时，借记“银行存款”科目，贷记“固定资产清理”科目。在计算土地增值税时，借记“固定资产清理”科目，贷记“应交税费——应交土地增值税”科目。在上缴税金时，借记“应交税费——应交土地增值税”科目，贷记“银行存款”科目。

（2）企业转让国有土地使用权连同地上未竣工的建筑物及附着物，在计算应交土地增值税时，借记“在建工程”“专项工程支出”“固定资产购建支出”等科目，贷记“应交税费——应交土地增值税”科目。

（3）企业转让以行政划拨方式取得的土地使用权连同地上建筑物及附着物，在计算缴纳土地增值税时，借记“税金及附加”“固定资产清理”等科目，贷记“应交税费——应交土地增值税”科目。

（六）土地增值税的纳税申报及纳税地点

纳税人应当向房地产所在地主管税务机关申报纳税。房地产开发项目的土地增值税实行先预缴后清算的办法。从事房地产开发的纳税人应当自纳税义务发生月份终了之日起15日内，向税务机关报送预缴土地增值税纳税申报表，并预缴税款。非从事房地产开发的纳税人应当自房地产转移合同签订之日起30日内办理纳税申报并缴纳税款。

三、关键术语

土地增值税：土地增值税是对转让国有土地使用权、地上建筑物及其附着物并取得收入的单位和个人，就其转移房地产所取得的增值额征收的一种税。

超率累进税率：超率累进税率是指以征税对象数额的相对率划分若干级距，分别规定相应的差别税率，相对率每超过一个级距，对超过的部分就按高一级的税率计算征税。目前，采用这种税率的是土地增值税。

扣除项目：扣除项目是指取得土地使用权所支付的金额；开发土地的成本、费用；新建房及配套设施的成本、费用；与转移房地产有关的税金；国务院规定的其他扣除项目。

房地产企业：房地产企业是指从事房地产开发、经营、管理和服务活动，并以营利为目的进行自主经营、独立核算的经济组织。

国有土地：国有土地是指按国家法律规定属于国家所有的土地。城市土地属于国家所有；农村和城市郊区的土地除有法律规定属于国家所有的以外，属于集体所有，不得私自转让。

四、习题与答案

（一）术语解释

1. 土地增值税
2. 国有土地
3. 地上建筑物
4. 附着物

（二）填空题

1. 土地增值税以纳税人转让土地使用权所取得的____为计税依据。
2. 土地增值税的纳税人是指____。
3. 我国土地增值税的计税依据是纳税人转让房地产取得的总收入减去____、____、____等后的余额。

4. 土地增值税实行____税率，即土地增值额未超过准予扣除项目金额50%的部分，税率为____；土地增值额超过准予扣除项目金额50%未超过100%的部分，税率为____；土地增值额超过准予扣除项目金额100%未超过200%的部分，税率为____；土地增值额超过准予扣除项目金额200%的部分，税率为____。

（三）判断题

1. 土地增值税的纳税人是指转让国有土地使用权、地上建筑物及其附着物并取得收入的单位和个人。（ ）

2. 在计征土地增值税时，允许财务费用据实扣除，其他开发费用按比例扣除。（ ）

3. 增值额未超过准予扣除项目金额20%的房地产开发项目，一律免征土地增值税。（ ）

4. 纳税人建造普通标准住宅出售，增值额超过扣除项目金额20%的，就其超过20%的部分计征土地增值税。（ ）

5. 企业若转让以行政划拨方式取得的国有土地使用权，如仅转让国有土地使用权，在计算应交土地增值税时，借记“固定资产清理”科目，贷记“应交税费——应交土地增值税”科目。（ ）

（四）单项选择题

1. 对于房地产开发公司，可以作为加计20%扣除基数的是（ ）。

A. 销售费用　　B. 与房地产开发相关的财务费用

C. 建筑工程安装费　　D. 与房地产开发相关的管理费用

2. 某单位转让一幢已经使用的楼房，原价为500万元，已提折旧300万元。经房地产评估机构评估，该楼房的重置成本价为800万元，成新度折扣率为5成，转让时缴纳的各种税金共30万元，则评估价格为（ ）。

A. 200万元　　B. 400万元　　C. 230万元　　D. 430万元

3. 纳税人在申报缴纳土地增值税时，须向主管税务机关提供（ ）。

A. 工商执照原件　　B. 税务登记证原件

C. 所得税完税凭证　　D. 土地使用权证书

4. 可以由税务机关根据合同规定的收款日期来确定具体纳税期限的房地产转让方式是（ ）。

A. 一次交割、付清价款　　B. 分期付款

C. 预售方式　　D. 先行转让尚未完全建成的小区内的房产

5. 转移房地产获得的收入超过扣除项目150%、未超过扣除项目200%的部分，其增值额适用的税率为（ ）。

A. 30%　　B. 40%　　C. 50%　　D. 60%

6. 个人转移房地产须缴纳土地增值税，如果房屋坐落地与纳税人居住地不一致，则纳税地点为（ ）。

A. 纳税人居住地　　　　　　　　　　　B. 纳税人户口所在地

C. 办理房地产过户手续所在地　　　　　D. 房地产坐落地

7. 根据《中华人民共和国土地增值税法（征求意见稿）》的规定，从事房地产开发的纳税人应在转移房地产合同签订后（　）日内，到房地产所在地主管税务机关办理纳税申报。

A. 5　　　　B. 7　　　　C. 10　　　　D. 15

8. 主营房地产业务的企业，在计算土地增值税时，其会计处理为（　）。

A. 借记"税金及附加"，贷记"应交税费——应交土地增值税"

B. 借记"营业外支出"，贷记"应交税费——应交土地增值税"

C. 借记"递延税款——土地增值税"，贷记"应交税费——应交土地增值税"

D. 借记"其他业务支出"，贷记"应交税费——应交土地增值税"

9. 土地增值税的计税依据是（　）。

A. 转移房地产取得的收入额　　　　　B. 房地产开发总投资额

C. 转移房地产取得的利润额　　　　　D. 转移房地产取得的增值额

10. 某工厂转让一栋造价 600 万元的旧办公楼，转让收入为 700 万元，已计提折旧 300 万元。经房地产评估机构评定，该楼的重置成本为 1 000 万元，成新度折扣率为 6 成，则应缴土地增值税（　）万元。

A. 30　　　　B. 140　　　　C. 120　　　　D. 50

（五）多项选择题

1. 在下列房地产转移行为中，不需要缴纳土地增值税的是（　）。

A. 某国家机关将房产无偿拨给下属事业单位

B. 出租房产

C. 某国有企业以房产对外投资，参股分红

D. 某国有企业与一外国企业合作建房后出售

2. 在下列项目中，属于土地增值税扣除项目且可据实扣除的是（　）。

A. 支付的基础设施费　　　　　　　　B. 支付的土地出让金

C. 小区出售前的绿化支出　　　　　　D. 销售房产的广告费用

3. 转让旧房及建筑物的扣除项目包括（　）。

A. 旧房及建筑物的评估重置成本价格

B. 旧房及建筑物的成本价

C. 支付的地价款

D. 转让环节缴纳的税款，取得土地使用权时按国家统一规定缴纳的有关费用

4. 在下列项目中，属于土地增值税免税项目的是（　）。

A. 国家机关转让自用的房产

B. 因国家建设需要而被政府征用、收回的房地产

C. 个人因改善居住条件而转让居住满 5 年的自用住房

D. 建造普通标准住宅出售，增值额未超过扣除项目金额之和的 20%

5. 某企业转让自用的房产，可以列为土地增值税扣除的税金有（　）。

A. 增值税　　B. 契税

C. 转让房屋缴纳的城市维护建设税　　D. 转让房屋时缴纳的印花税

6. 土地增值税是对纳税义务人的（　）行为征税。

A. 转让国有土地使用权　　B. 转让地上建筑物

C. 转让附着物　　D. 转让集体土地使用权

7. 在下列房地产转移行为中，须缴纳土地增值税的是（　）。

A. 转让集体所有的土地使用权　　B. 出租房产使用权

C. 企业间互换房产　　D. 某国有企业与一外国企业合作建房后出售

8. 在下列各项中，不属于土地增值税征税范围的有（　）。

A. 以房地产抵债而尚未发生房地产权属转让的

B. 以房地产抵押贷款而房地产尚在抵押期间的

C. 被兼并企业的房地产在企业兼并中转让到兼并方的

D. 出地、出资双方合作建房，建成后又转让给其中一方的

9. 在下列对法人转移房地产纳税地点的说法中，正确的是（　）。

A. 转移房地产坐落地与其机构所在地或经营所在地一致的，应在办理税务登记的原管辖税务机关申报纳税

B. 转移房地产坐落地与其机构所在地或经营所在地一致的，应在房地产坐落地税务机关申报纳税

C. 转移房地产坐落地与其机构所在地或经营所在地不一致的，应在办理税务登记的原管辖税务机关申报纳税

D. 转移房地产坐落地与其机构所在地或经营所在地不一致的，应在房地产坐落地的税务机关申报纳税

10. 在下列关于土地增值税的说法中，错误的有（　）。

A. 增值额未超过扣除项目金额20%的房地产开发项目，免征土地增值税

B. 对取得土地使用权时未支付地价款或不能提供已支付地价款凭据的，在计征土地增值税时按评估价扣除土地使用权金额

C. 某房地产公司将待售的花园别墅中的一栋赠给某影视明星，由于该房地产公司未取得收入，则不必缴纳土地增值税

D. 超过贷款期限的利息部分和加罚的利息不允许在房地产开发费用中扣除

（六）综合题

1. 某房地产公司某月有偿转让高级住宅楼一栋，建筑面积为5 000平方米，单位售价为每平方米6 800元，共取得销售收入3 400万元，开发房产的扣除项目金额合计为2 004万元，以上金额均不含增值税。请计算企业应交土地增值税，并做相应的会计处理。

2. 某企业转让一处房产的土地使用权及地上房产的产权，该房产于2014年5月购置并投入使用。根据有关凭证，确认企业为取得该房产支付的成本为4 200万元，转让房产取得的含增值税收入为6 300万元，房产累计折旧504万元。房产评估价格为4 620万元，

成新率为 8 成新。计算应缴纳的土地增值税，并做相应的会计分录。（假设该企业在计算增值税时选择了简易计税方法，城市维护建设税、教育费附加及印花税暂不考虑。）

3. 某房地产开发公司转让高级公寓一栋，共获得货币收入 7 500 万元，同时获得购买方原准备盖楼的钢材 2 100 吨（每吨 2 500 元）。公司为取得土地使用权所支付的金额为 1 450 万元，开发土地、建房及配套设施等共支出 2 110 万元，开发费用共计 480 万元（其中，利息支出 295 万元，未超出承认标准），转让房地产有关的税金共计 47 万元。

试计算该企业应交的土地增值税，并填列如下土地增值税纳税申报表。

土地增值税纳税申报表（二）

（从事房地产开发的纳税人清算适用）

税款所属时间：　　年　月　日至　　年　月　日　　　　填表日期：　　年　月　日

金额单位：元（列至角分）　面积单位：平方米

纳税人识别号 | | | | | | | | | | | | | | | | | | | |

纳税人名称		项目名称		项目编号		项目地址	
所属行业		登记注册类型		纳税人地址		邮政编码	
开户银行		银行账号		主管部门		电话	
总可售面积				自用和出租面积			
已售面积		其中：普通住宅已售面积		其中：非普通住宅已售面积		其中：其他类型房地产已售面积	

项目		行次	金额			
			普通住宅	非普通住宅	其他类型房地产	合计
一、转让房地产收入总额　1＝2＋3＋4		1				
其中	货币收入	2				
	实物收入及其他收入	3				
	视同销售收入	4				
二、扣除项目金额合计　5＝6＋7＋14＋17＋20＋21		5				
1. 取得土地使用权支付的金额		6				
2. 房地产开发成本　7＝8＋9＋10＋11＋12＋13		7				
其中	土地征用及拆迁补偿费	8				
	前期工程费	9				
	建筑安装工程费	10				
	基础设施费	11				
	公共配套设施费	12				
	开发间接费用	13				
3. 房地产开发费用　14＝15＋16		14				

其中	利息支出		15				
	其他房地产开发费用		16				
4. 与转移房地产有关的税金 17＝18＋19＋20			17				
其中	城市维护建设税		18				
	教育费附加		19				
5. 财政部规定的其他扣除项目			20				
6. 代收费用			21				
三、增值额 22＝1－5			22				
四、增值额与扣除项目金额之比（%） 23＝22÷5			23				
五、适用税率（%）			24				
六、速算扣除系数（%）			25				
七、应缴土地增值税税额 26＝22×24－5×25			26				
八、减免税额 27＝29＋31＋33			27				
其中	减免税(1)		28				
			29				
	减免税(2)		30				
			31				
	减免税(3)		32				
			33				
九、已缴土地增值税税额			34				
十、应补（退）土地增值税税额 35＝26－27－34			35				

以下由纳税人填写：					
纳税人声明	此纳税申报表是根据《中华人民共和国土地增值税暂行条例》及其实施细则和国家有关税收规定填报的，是真实的、可靠的、完整的。				
纳税人签章		代理人签章		代理人身份证号	
以下由税务机关填写：					
受理人		受理日期	年 月 日	受理税务机关签章	

本表一式两份，一份纳税人留存，一份税务机关留存。

4. 永丰电子公司转让一栋办公楼，共取得不含税转让收入 8 000 万元；另收到彩电一台，市场含增值税价为 0.565 万元。永丰电子公司在计算增值税时选择了简易计税方法，并依照国家法律规定缴纳了城市维护建设税、教育费附加、印花税，税率分别为：城市维护建设税为 7%，教育费附加为 3%，印花税为 0.5‰。已知该单位为取得土地使用权而支付的地价款和有关费用为 1 000 万元，投入房地产开发的成本为 2 000 万元，房地产开发费用中的利息支出为 300 万元（能够按转移房地产项目分摊，并有金融机构的证明），但其中 50 万元的利息属于加罚利息。其他房地产开发费用的扣除比例为 5%。永丰电子公司在申报缴纳土地增值税时做如下计算：

（1）收入总额为8 000万元。

（2）扣除项目金额为：

(1 000＋2 000)×(1＋20%)＋300＋(1 000＋2 000)×5%×(1＋7%＋3%)
＝4 065(万元)

（3）增值额为：

8 000－4 065＝3 935(万元)

（4）增值额占扣除基础金额的比例为：

$$\frac{3\,935}{4\,065}=96.8\%$$

（5）应纳土地增值税税额为：

3 935×40%－4 065×5%＝1 370.75(万元)

试判断永丰电子公司计算的土地增值税应纳税额是否正确，并说明理由。

答案解析

（一）术语解释

1. 土地增值税是对转让国有土地使用权、地上建筑物及其附着物并取得收入的单位和个人，就其转移房地产所取得的增值额征收的一种税。

2. 国有土地是指按国家法律规定属于国家所有的土地。城市土地属于国家所有；农村和城市郊区的土地除有法律规定属于国家所有的以外，属于集体所有，不得私自转让。

3. 地上建筑物是指建于土地上的一切建筑物，包括地上、地下的各种附属设施。

4. 附着物是指附着于土地上的不能移动或一经移动即遭损坏的物品。

（二）填空题

1. 增值额

2. 转让国有土地使用权、地上建筑物及其附着物并取得收入的单位和个人

3. 取得土地使用权支付的价款　土地开发成本　地上建筑物的成本及有关税费　销售税金

4. 四级超率累进　30%　40%　50%　60%

（三）判断题

1. √　【解析】见教材。

2. ×　【解析】利息费用扣除标准最高不能超过按商业银行同类同期贷款利率计算的金额。

3. ×　【解析】此优惠政策适用于纳税人建造普通标准住宅出售，而不是适用于所有房地产开发项目。

4. ×　【解析】增值额超过扣除项目金额20%的，应就其全部增值额按规定计税。

5. ×　【解析】企业若转让以行政划拨方式取得的国有土地使用权，如仅转让国有土地使用权，在计算应交土地增值税时，借记“其他业务支出”等科目，贷记“应交税

费——应交土地增值税”科目。

（四）单项选择题

1. C 【解析】根据《中华人民共和国土地增值税法（征求意见稿）》的规定，对从事房地产开发的纳税人，可以按取得土地使用权所支付的金额以及房地产开发成本的总和的20%加计扣除。而建筑工程安装费属于房地产开发成本。

2. B 【解析】800×50%＝400。

3. D 【解析】纳税人在申报缴纳土地增值税时，须向主管税务机关提交房屋及建筑物产权，土地使用权证书，土地转让、房产买卖合同，房地产评估报告及其他与转移房地产有关的资料。

4. B 【解析】如果采用分期付款的方式转移房地产，税务机关可以根据合同规定的收款日期来确定具体纳税期限。

5. B 【解析】转移房地产获得的收入超过扣除项目150%、未超过扣除项目200%，则增值额超过扣除项目金额50%、未超过扣除项目金额100%，所以适用的土地增值税税率为40%。

6. C 【解析】当个人转移的房地产坐落地与其居住地不一致时，则在办理过户手续所在地的税务机关申报纳税。

7. D 【解析】根据《中华人民共和国土地增值税法（征求意见稿）》的规定，从事房地产开发的纳税人应当自纳税义务发生月份终了之日起15日内，向税务机关报送预缴土地增值税纳税申报表，并预缴税款。

8. A 【解析】主营房地产业务的企业在计算土地增值税时，借记“税金及附加”，贷记“应交税费——应交土地增值税”。

9. D 【解析】土地增值税的计税依据是转移房地产取得的增值额。

10. A 【解析】1 000×60%＝600，700－600＝100，100/600＝16.67%＜50%，100×30%＝30。

（五）多项选择题

1. ABC 【解析】土地增值税是对转让国有土地使用权及其地上建筑物和附着物的行为征税，不包括国有土地使用权出让所取得的收入。所以，只有土地使用权发生转让且取得收入才需要缴纳土地增值税。

2. ABC 【解析】房地产开发费用不按纳税人房地产开发项目实际发生的费用进行扣除，而按《中华人民共和国土地增值税暂行条例实施细则》的标准进行扣除。销售房产的广告费用属于房地产开发费用。

3. ACD 【解析】转让旧房的，应按房屋及建筑物的评估价格、取得土地使用权所支付的地价款和按国家统一规定缴纳的有关费用以及在转让环节缴纳的税金作为扣除项目金额计征土地增值税。

4. BCD 【解析】BCD都属于土地增值税免税项目。

5. CD 【解析】与转移房地产有关的税金是指在转移房地产时缴纳的城市维护建设税、印花税。因转移房地产缴纳的教育费附加，也可视同税金予以扣除。

6. ABC 【解析】土地增值税是对转让国有土地使用权及其地上建筑物和附着物征收。

7. CD 【解析】土地增值税是对转让国有土地使用权及其地上建筑物和附着物征收，

所以A选项不对。出租房产使用权，土地使用权未发生转移，所以不缴纳土地增值税，B选项不对。

8. ABC 【解析】只有D选项发生的土地使用权转让，属于土地增值税的征税范围。

9. AD 【解析】纳税人是法人的，当转移房地产的坐落地与其机构所在地或经营所在地一致时，则在办理税务登记的原管辖税务机关申报纳税即可；如果转移房地产的坐落地与其机构所在地或经营所在地不一致，则应在房地产坐落地的税务机关申报纳税。

10. ABC 【解析】此优惠政策适用于纳税人建造普通标准住宅出售，所以A选项错误。取得土地使用权时未支付地价款或不能提供已支付的地价款凭据的，在计征土地增值税时不允许扣除，所以B选项错误。C选项属于视同销售的情况，应缴纳土地增值税，所以C选项错误。

（六）综合题

1.【解析】

土地增值额＝3 400－2 004＝1 396(万元)

增值率＝1 396÷2 004×100％＝69.66％

应纳土地增值税＝1 396×40％－2 004×5％＝558.4－100.2＝458.2(万元)

其会计分录为：

计提土地增值税时：

借：税金及附加　　4 582 000

　贷：应交税费——应交土地增值税　　4 582 000

实际缴纳时：

借：应交税费——应交土地增值税　　4 582 000

　贷：银行存款　　4 582 000

2.【解析】

计算应缴纳的增值税：

增值税税额＝(6 300－4 200)÷(1＋5％)×5％＝100(万元)

计算应缴纳的土地增值税：

土地增值额＝(6 300－100)－4 620×80％＝2 504(万元)

增值率＝2 504÷(4 620×80％)＝67.75％

应纳土地增值税＝2 504×40％－4 620×80％×5％＝816.8(万元)

其会计分录为：

转移房地产时：

借：固定资产清理　　36 960 000

　　累计折旧　　5 040 000

　贷：固定资产　　42 000 000

收到转让收入时：

借：银行存款　　63 000 000

　贷：固定资产清理　　62 000 000

　　　应交税费——简易计税　　1 000 000

计提土地增值税时：

借：固定资产清理　　8 168 000

　贷：应交税费——应交土地增值税　　8 168 000

上缴税费时：

借：应交税费——应交土地增值税　　8 168 000

　贷：银行存款　　8 168 000

结转固定资产清理损益时：

借：固定资产清理　　16 872 000

　贷：资产处置损益　　16 872 000

3.【解析】

转让收入＝7 500＋2 100×0.25＝8 025(万元)

$$其他开发费用实际支出比例=\frac{480-295}{1\ 450+2\ 110}=5.2\%$$

由于其他开发费用实际支出比例超过5%的限额，则

允许扣除额＝(1 450＋2 110)×5%＝178(万元)

扣除项目金额＝(1 450＋2 110)×(1＋20%)＋295＋178＋47＝4 792(万元)

土地增值额＝8 025－4 792＝3 233(万元)

土地增值率＝3 233÷4 792＝67.5%

应纳土地增值税＝3 233×40%－4 792×5%＝1 053.6(万元)

土地增值税纳税申报表填列如下：

土地增值税纳税申报表（二）

（从事房地产开发的纳税人清算适用）

税款所属时间：　　年　月　日至　　年　月　日　　　　填表日期：　　年　月　日

金额单位：元（列至角分）　面积单位：平方米

纳税人识别号□□□□□□□□□□□□□□□□□□□□

纳税人名称		项目名称		项目编号		项目地址	
所属行业		登记注册类型		纳税人地址		邮政编码	
开户银行		银行账号		主管部门		电话	
总可售面积				自用和出租面积			
已售面积		其中：普通住宅已售面积		其中：非普通住宅已售面积		其中：其他类型房地产已售面积	

项目	行次	金额			
		普通住宅	非普通住宅	其他类型房地产	合计
一、转让房地产收入总额　1＝2＋3＋4	1		8 025		8 025

其中	货币收入	2		7 500		7 500
	实物收入及其他收入	3		525		525
	视同销售收入	4				
二、扣除项目金额合计　5＝6＋7＋14＋17＋20＋21		5		4 792		4 792
1. 取得土地使用权支付的金额		6		1 450		1 450
2. 房地产开发成本　7＝8＋9＋10＋11＋12＋13		7		2 110		2 110
其中	土地征用及拆迁补偿费	8				
	前期工程费	9				
	建筑安装工程费	10				
	基础设施费	11				
	公共配套设施费	12				
	开发间接费用	13				
3. 房地产开发费用　14＝15＋16		14		473		473
其中	利息支出	15		295		295
	其他房地产开发费用	16		178		178
4. 与转移房地产有关的税金 17＝18＋19＋20		17		47		47
其中	城市维护建设税	18				
	教育费附加	19				
5. 财政部规定的其他扣除项目		20				
6. 代收费用		21		712		712
三、增值额　22＝1－5		22		3 233		3 233
四、增值额与扣除项目金额之比（%）　23＝22÷5		23		67.5		67.5
五、适用税率（%）		24		40		40
六、速算扣除系数（%）		25		5		5
七、应缴土地增值税税额　26＝22×24－5×25		26		1 053.6		1 053.6
八、减免税额　27＝29＋31＋33		27				
其中	减免税(1)	28				
		29				
	减免税(2)	30				
		31				
	减免税(3)	32				
		33				
九、已缴土地增值税税额		34		0		0

十、应补（退）土地增值税税额 35=26−27−34		35		1 053.6		1 053.6
以下由纳税人填写：						
纳税人声明	此纳税申报表是根据《中华人民共和国土地增值税暂行条例》及其实施细则和国家有关税收规定填报的，是真实的、可靠的、完整的。					
纳税人签章		代理人签章		代理人身份证号		
以下由税务机关填写：						
受理人		受理日期	年　月　日	受理税务机关签章		

本表一式两份，一份纳税人留存，一份税务机关留存。

4.【解析】

第一，可以确定的是，永丰电子公司转移了房地产的权属并取得了收入，按税法的规定属于土地增值税的征税范围，应缴纳土地增值税。

第二，按税法的规定，转移房地产的收入不仅包括货币收入，还包括实物收入和其他收入。

所以，永丰电子公司收到的彩电也应属于转移房地产所取得的收入，应计入收入总额。

$$彩电的不含税价=\frac{0.565}{1+13\%}=0.5(万元)$$

$$收入总额=8\,000+0.5=8\,000.5(万元)$$

第三，应审查永丰电子公司扣除项目的计算是否正确。

(1) 永丰电子公司为取得土地使用权而支付的地价款和有关费用 1 000 万元以及投入的房地产开发成本 2 000 万元，合计 3 000 万元，可依法计入扣除项目。

(2) 永丰电子公司发生的利息支出虽然可以按转移房地产项目分摊，并且有金融机构的证明，按规定可以据实扣除，但其中的 50 万元加罚利息不应计入扣除项目。所以，可以扣除的利息支出不是 300 万元，而是 250 万元（=300−50）。利息支出以外的其他房地产开发费用的扣除比率为 5%，所以这部分开发费用可以按 150 万元［=(1 000+2 000)×5%］依法扣除。

(3) 永丰电子公司转移房地产的收入不是 8 000 万元，而是 8 000.5 万元。相应地，应缴纳的增值税、城市维护建设税和教育费附加应该是：

$$80\,005\,000\times5\%=4\,000\,250(元)$$

$$4\,000\,250\times(7\%+3\%)=400\,025(元)$$

另外，由于永丰电子公司是非房地产开发企业，所以转移房地产所缴纳的印花税也可以在此扣除。

$$印花税=80\,005\,000\times0.5‰=40\,002.5(元)$$

(4) 永丰电子公司是非房地产开发企业，所以不能加计扣除 20%。正确计算的扣除项目的总金额为：

$$1\ 000+2\ 000+(300-50)+(1\ 000+2\ 000)\times 5\%+8\ 000.5\times 5\%\times(7\%+3\%)+8\ 000.5\times 0.5‰$$

$$=3\ 444(万元)$$

第四，计算增值额及其占扣除项目的比例。

$$增值额=8\ 000.5-3\ 444=4\ 556.5(万元)$$

增值额占扣除项目金额的比例为：

$$\frac{3\ 444}{4\ 556.5}\times 100\%=75.58\%$$

按照税法的规定，此时适用的税率为40%，速算扣除系数为5%。

第五，计算土地增值税税额。

$$应纳税额=4\ 556.5\times 40\%-3\ 444\times 5\%=1\ 650.4(万元)$$

总的来说，永丰电子公司申报缴纳的土地增值税是错误的，正确的应纳税额是1 650.4万元。造成错误申报的原因主要有：

(1) 少记了转让收入。彩电作为实物收入应记而未记入收入总额。

(2) 多记了扣除项目金额。利息支出中的50万元加罚利息按规定不得计入扣除项目。

(3) 多记了其他扣除项目金额。该单位不属于房地产开发企业，按税法的规定，不应加计扣除20%。

(4) 有关税金的计算、缴纳有误。由于该公司少记了转让收入，导致对增值税、城市维护建设税和教育费附加的计算及缴纳有误。

(5) 没有扣除应予扣除的印花税。按税法的有关规定，转移房地产时缴纳的印花税允许扣除。

第7章 其他税种的会计核算

一、学习目的与要求

本章重点介绍关税、资源税、印花税、车辆购置税、城镇土地使用税、房产税、车船税、耕地占用税、契税、城市维护建设税及教育费附加等税种的计算、缴纳与会计处理业务。要求学生掌握各种税制基本要素的规定、应纳税额的计算和会计账务处理。

二、重点与难点

1. 关税是由海关对进出国境或关境的货物、物品征收的一种税。我国对进口商品基本上都实行从价税，关税的计税依据是完税价格。关税的计算可分为工业企业关税的会计核算和商品流通企业关税的会计核算。工业企业在计算应缴进口关税时，借记“在途物资——应交关税”科目，贷记“应交税费——应交关税”科目；在计算出口关税时，借记“税金及附加”科目，贷记“应交税费——应交关税”科目。在商品流通企业中，自营进出口业务关税的计算与工业企业类似。而在核算代理进出口业务的关税时，要运用“应收账款”、“应付账款”或“预收账款”等科目进行核算。

2. 资源税是对在中华人民共和国领域和中华人民共和国管辖的其他海域开发应税资源的单位及个人征收的一种税。企业在计算应缴纳的资源税时，借记“税金及附加”“生产成本”“在途物资”等科目，贷记“应交税费——应交资源税”科目。

3. 印花税是对书立、领受、使用的应税经济凭证和从事证券交易行为征收的一种税。在其征税范围中，具体分为13个税目。印花税税率分为两种形式，即比例税率和定额税率。其中，比率税率分为5个档次，定额税率只适用于专利、许可证照和营业账簿税目中的其他账簿，按件贴花，税额为5元。企业在计算印花税税额时，借记“管理费用”“预付账款”科目，贷记“银行存款”科目。

4. 在中华人民共和国境内购置《中华人民共和国车辆购置税暂行条例》规定车辆的单位和个人，为车辆购置税的纳税人，应当依照《中华人民共和国车辆购置税暂行条例》缴纳车辆购置税。车辆购置税实行一次性缴纳。在进行相关会计核算时，借记“固定资产”科目，贷记“银行存款”科目。

5. 城镇土地使用税是以国有土地为征税对象，对拥有土地使用权的单位和个人征收的一种税。城镇土地使用税的应纳税额是以使用者实际使用的土地面积乘以按等级适用的税额。缴纳城镇土地使用税的单位，在年终计算应交城镇土地使用税时，借记“管理费用”科目，贷记“应交税费——应交城镇土地使用税”科目。

6. 房产税是以房屋为征税对象，以房产的价值或租金收入为计税依据征收的一种税。对于企业经营自用的房屋，纳税人期末按规定计算当期应纳房产税时，借记“管理费用”科目，贷记“应交税费——应交房产税”科目。对于企业出租的房屋，按规定计算应交的房产税，借记“税金及附加”科目，贷记“应交税费——应交房产税”科目。

7. 车船税是对纳税人在我国境内拥有的车船，按其种类、数量和吨位实行定额征收的一种税。车船税属地方税种。当企业在计算应缴纳的车船税时，借记“管理费用”科目或“预付账款”科目，贷记“应交税费——应交车船税”科目。

8. 耕地占用税是国家对占用耕地建房或者从事其他非农业建设的单位和个人，就其实际占用的耕地面积一次性征收的一种税。耕地占用税的部分税款应计入企业构建的固定资产价值，如“在建工程”科目，耕地占用税不通过“应交税费”科目核算，通过“银行存款”科目核算。

9. 契税是以所有权发生转移变动的不动产为征税对象，向产权承受人征收的一种税。企业在取得房产所有权时，契税应借记“固定资产”“在建工程”“无形资产”等科目，贷记“应交税费——应交契税”科目；若土地使用权为无偿取得，则一般不将该土地使用税作为无形资产入账，相应地，企业缴纳的契税可作为管理费用入账。

10. 城市维护建设税是国家对缴纳增值税、消费税的单位及个人，以实际缴纳的税额为依据征收的一种税。城市维护建设税的税率按城市和县城等级规定，分为7%、5%、1%。城市维护建设税的核算，通常借记“税金及附加”科目，贷记“应交税费——应交城市维护建设税”科目。

11. 教育费附加是随增值税、消费税征收的一种地方附加。征收教育费附加是为了加快发展地方教育事业，扩大地方教育经费的资金来源，附加率为3%。教育费附加的核算，通常借记“税金及附加”科目，贷记“应交税费——应交教育费附加”科目。

三、关键术语

关税：关税是由海关对进出国境或关境的货物、物品征收的一种税。

关税计税价格：关税计税价格是指经海关审定的进出口成交价格。

资源税：资源税是对在中华人民共和国领域和中华人民共和国管辖的其他海域开发应税资源的单位及个人征收的一种税。

印花税：印花税是对书立、领受、使用的应税经济凭证和从事证券交易行为征收的一种税。

印花税应税凭证：印花税应税凭证是《中华人民共和国印花税暂行条例》列举的应纳税凭证，包括经济合同及具有合同性质的凭证、产权转移书据、营业账簿、权利许可证照，以及经财政部确定征税的其他凭证。

车辆购置税：车辆购置税是对在我国境内购买《中华人民共和国车辆购置税暂行条例》规定车辆的单位和个人，按其购置车辆的价格征收的一种税。

城镇土地使用税：城镇土地使用税是以国有土地为征税对象，对拥有土地使用权的单位和个人征收的一种税。

房产税：房产税是以房屋为征税对象，以房产的价值或租金收入为计税依据征收的一种税。

房产税计税余值：房产税计税余值是《中华人民共和国房产税暂行条例》规定的纳税人经营自用房产的计税依据，是指按房产原值一次减除10%～30%损耗价值后的余值。

契税：契税是以所有权发生转移变动的不动产为征税对象，向产权承受人征收的一种税。

车船税：车船税是对纳税人在我国境内拥有的车船，按其种类、数量和吨位实行定额征收的一种税。

耕地占用税：耕地占用税是国家对占用耕地建房或从事其他非农业建设的单位和个人，就其实际占用的耕地面积一次性征收的一种税。

城市维护建设税：城市维护建设税是国家对缴纳增值税、消费税的单位及个人，以实际缴纳的税额为依据征收的一种税。

教育费附加：教育费附加是随增值税、消费税征收的一种地方附加。

四、习题与答案

（一）术语解释

1. 关税
2. 资源税

3. 印花税
4. 车辆购置税
5. 城镇土地使用税
6. 房产税
7. 关税计税价格
8. 印花税应税凭证
9. 房产税计税余值
10. 到岸价格
11. 船舶净吨位
12. 契税

（二）填空题

1. 我国资源税的征税范围包括____、____、____、____和____。

2. 资源税采用____、____的征收方法。

3. 资源税实行____课征模式。

4. 城镇土地使用税的纳税人包括在____、____、____、____范围内使用土地的单位和个人。

5. 房产税的计税依据是____和____。

6. 房产税采用比例税率，税率为____或____。

7. 印花税是对____和____的行为征收的一种税。

8. 印花税的计税依据是《____和____两种。

9. 对于同一凭证，如果由双方或两方以上当事人签订并各执一份，各方均为纳税人，应由各方就所执凭证的____贴花。

10.《中华人民共和国印花税暂行条例》规定，____和____按件定额贴5元印花税。

11. 印花税的税率根据应税凭证的性质，分别确定为____和____两种。比例税率分为4档，即____、____、____、____。按件定额为____。

12. 印花税实行“三自”缴纳方法，即____、____和____。

13. 进口货物以海关审定的成交价格为基础的____作为其完税价格。

14. 工业企业在核算出口关税时，应在____科目下设“应交关税”明细科目。

15. 企业计算销售应税产品应缴纳的资源税时，借记____科目，贷记____科目；上交资源税时，借记____科目，贷记____等科目。

16. 企业收购未税矿产品时，按实际支付的收购款，借记____等科目，贷记____等科目；按代扣代缴的资源税，借记____等科目，贷记____科目；上缴资源税时，借记____科目，贷记____等科目。

17. 企业核算应缴纳房产税时，应使用____和____两个科目。

18. 兼营房地产业务的企业按税法规定计算应交土地增值税时，借记____等科目，贷记____科目。

19. 耕地占用税以纳税人用于建房或从事非农业建设的____为计税依据。

20. 企业在取得房产所有权、按规定计算契税的应纳税额时，应借记____等科目。

（三）判断题

1. 资源税的纳税人暂不包括外商投资企业和外国企业。（ ）

2. 资源税的征税范围包括森林资源、海洋资源和水资源。（ ）

3. 资源税实行从量计征和从价计征两种征收方法。（ ）

4. 对于从量计征的应税资源产品，纳税人开采或生产其用于销售的，以应税产品产量为征税数量。（ ）

5. 资源税需要对应税资源在每一流转环节计算征收。（ ）

6. 印花税是对经济活动和交往中书立、领受的一切凭证征收的一种税。（ ）

7. 一份由两个企业签订的以物易物合同，应按各自提供货物金额相加计税，并由双方共同承担纳税义务。（ ）

8. 记载资金的账簿，每年应以“实收资本”和“资本公积”两项账面余额合计金额计税贴花。（ ）

9. 商品流通企业在核算自营进口业务关税时，要通过“应交税费——应交进口关税”和“税金及附加”等会计科目核算。（ ）

10. 企业缴纳印花税，应通过“应交税费”科目，直接在“税金及附加”科目核算。（ ）

11. 代理进出口业务，受托方向海关缴纳关税，在会计核算时，要通过“应收账款”“应付账款”等科目进行。（ ）

12. 免税单位与纳税单位合并办公，所有车辆能划分清楚的，可分别办理征免手续；划分不清的，不用缴纳车船税。（ ）

13. 耕地占用税纳税人按有关规定向土地管理部门办理退还耕地的，已纳税款予以退还。（ ）

14. 契税是对在我国境内转移土地、房屋权属的单位和个人征收的一种税。（ ）

15. 城市维护建设税的计税依据是纳税人实际缴纳的增值税、消费税税额，城市维护建设税和增值税、消费税同时同地缴纳。（ ）

16. 增值税、消费税查补税额也应计入城市维护建设税的计税依据，但加收的滞纳金、罚款则不计入。（ ）

17. 因减免增值税、消费税而需要退库的，城市维护建设税可同时退库。对出口产品退还增值税和消费税的，也可退还已纳的城市维护建设税。（ ）

（四）选择题（含单选、多选）

1. 在资源税中，煤炭的征税范围包括（ ）。

A. 洗煤　　B. 选煤　　C. 煤炭制品　　D. 原煤

2. 资源税纳税人开采或生产从量计征的应税产品销售的，征税数量为（ ）。

A. 销售数量　　B. 开采数量　　C. 生产数量　　D. 实际产量

3. 我国现行资源税属于（　）。

A. 级差资源税　　B. 一般资源税

C. 广义资源税　　D. 狭义资源税

4. 在下列产品中，应缴纳资源税的有（　）。

A. 人造石油　　B. 天然原油

C. 煤矿生产的天然气　　D. 原煤

5. 城镇土地使用税的纳税人包括（　）。

A. 拥有土地使用权的单位和个人

B. 土地的实际使用人

C. 土地的代管人

D. 土地使用权共有的各方

6. 纳税人经营自用房屋的计税依据是（　）。

A. 房产原值

B. 房产现值

C. 房产原值一次扣除10%～30%后的余值

D. 房产净值

7. 在下列有关房产税纳税人的说法中，不正确的是（　）。

A. 房屋产权出典的，由承典人纳税

B. 房屋出租的，由承租人纳税

C. 房屋产权未确定的，由代管人或使用人纳税

D. 产权人不在房屋所在地的，由房屋代管人或使用人纳税

8. 下列征收房产税的地区包括（　）。

A. 城镇　　B. 农村

C. 建制镇和工矿区　　D. 县城

9. 印花税的征收范围包括（　）。

A. 取得营业收入　　B. 营业账簿

C. 签订经济合同　　D. 产权转移书据

10. 印花税依税额大小、应税项目纳税次数多少及税源控制的需要，可采用的纳税方法有（　）。

A. 自行贴花　　B. 汇贴或汇缴

C. 代扣代缴　　D. 委托代征

11. 企业计算自用未对外销售应税产品应缴纳的资源税时，借记（　）等科目，贷记“应交税费——应交资源税”科目。

A. 生产成本　　B. 物资采购

C. 税金及附加　　D. 制造费用

12. 缴纳城镇土地使用税的单位，在年终计算应缴城镇土地使用税时，其会计分录为（　）。

A. 借：制造费用

　　贷：应交税费——应交土地使用税

B. 借：管理费用

贷：应交税费——应交土地使用税

C. 借：固定资产

贷：应交税费——应交土地使用税

D. 借：税金及附加

贷：应交税费——应交土地使用税

13. 耕地占用税实行一次性征收原则，即纳税人应自获准征用或占用耕地之日起（ ）内，持县以上土地管理部门的批准文件，向征收机关申报纳税。

A. 10日 B. 15日 C. 30日 D. 60日

14. 某企业取得一处房产，则其契税的纳税义务发生时间为（ ）。

A. 取得相应产权证的当日 B. 办理房屋权属登记手续的当日

C. 签订房屋权属转移合同的当日 D. 支付房款的当日

15. 纳税人新购置车辆使用的，其车船税的纳税义务发生时间为（ ）。

A. 车船管理部门核发的车船登记证书或者行驶证书所记载日期的当月起

B. 车船管理部门核发的车船登记证书或者行驶证书所记载日期的当年起

C. 车船管理部门核发的车船登记证书或者行驶证书所记载日期的次月起

D. 车船管理部门核发的车船登记证书或者行驶证书所记载日期的次年起

16. 在下列各项中，可以作为城市维护建设税计税依据的是（ ）。

A. 纳税人滞纳增值税而加收的滞纳金

B. 纳税人享受减免后实际缴纳的增值税

C. 纳税人偷逃增值税被处的罚款

D. 纳税人偷逃消费税被查补的税款

（五）简答题

1. 契税的纳税人和计税依据是如何规定的？
2. 简述城市维护建设税的计税依据和计算公式。

（六）综合题

1. 某建筑材料厂购进瑞典产钢铁盘条800吨，成交价格为CIF SKr 450 000，进口前由瑞方支付包装、运输和其他劳务费计每吨50美元，同时另付卖方佣金3%。

试计算该批进口货物的关税，并做相应会计处理。（100 SKr＝95元人民币；100美元＝630元人民币；该商品适用的关税税率为15%。）

2. 某进出口公司出口一批货物5 000吨，每吨FOB价格560美元，其中佣金占价格的2%，该货物的出口关税税率为10%，外汇牌价为100美元＝628元人民币。

试计算应纳出口关税，并做相应会计处理。

3. 某公司从国外进口一批高档化妆品，到岸价为100 000美元，关税税率为20%，增值税税率为13%，消费税税率为30%，当日汇率为100美元＝630元人民币，该企业以当日汇率作为账面汇率。

试计算该企业应交的各项税金，并做相应账务处理。

4. 某外贸公司接受某工业企业 A 厂委托，代理进口商品一批，进口到岸价为人民币 500 000 元，经海关审定进口关税为 75 000 元，该外贸公司的手续费为 5 000 元，收到 A 厂预付货款 100 000 元。

试做相应账务处理。

5. 某煤炭企业某月对外销售原煤 240 万吨，对外销售用生产的原煤加工的选煤 80 万吨。税务机关核定的选煤综合回收率为 0.8，该企业所采原煤的单位税额为 1.2 元/吨（假定业务发生在煤炭资源税改革前）。税务机关核定该企业的纳税期限为 5 天，按上月实际缴纳税款 420 万元预缴，月终进行纳税申报，并结清应纳税款。

试计算本月应纳税款，并做相应会计分录。

6. 某煤矿企业某月发生以下业务（假定业务发生在煤炭资源税改革前）：

（1）销售自产原煤 1 000 万吨，销售价格为 80 元/吨。

（2）将 100 吨原煤用于本企业职工宿舍供暖。

（3）将开采的原煤 10 万吨向某发电厂进行投资，协议确定价格为 100 元/吨。

（4）用所开采的原煤 500 吨抵偿以往欠 A 公司的债务 4 万元。

（5）从外单位购入一批材料，价款为 40 万元，对方要求用本企业开采的原煤做交易，协议原煤价格为 80 元/吨。

（6）以开采的原煤支付外单位投资利润 60 万元，协议价格为 80 元/吨。

经查《资源税税目税额明细表》，该企业所开采原煤适用 0.8 元/吨的资源税税额（不考虑增值税）。

试计算该企业应交资源税，并做相应会计分录。

答案解析

（一）术语解释

1. 关税是由海关对进出国境或关境的货物、物品征收的一种税。

2. 资源税是对在中华人民共和国领域和中华人民共和国管辖的其他海域开发应税资源的单位及个人征收的一种税。

3. 印花税是对书立、领受、使用应税凭证和从事证券交易行为征收的一种税。

4. 车辆购置税是对在我国境内购买《中华人民共和国车辆购置税暂行条例》规定车辆的单位和个人，按其购置车辆的价格征收的一种税。

5. 城镇土地使用税是以国有土地为征税对象，对拥有土地使用权的单位和个人征收的一种税。

6. 房产税是以房屋为征税对象，以房产的价值或租金收入为计税依据征收的一种税。

7. 关税计税价格是指经海关审定的进出口成交价格。

8. 印花税应税凭证是《中华人民共和国印花税暂行条例》列举的应纳税凭证，包括经济合同及具有合同性质的凭证、产权转移书据、营业账簿、权利许可证照，以及经财政部确定征税的其他凭证。

9. 房产税计税余值是《中华人民共和国房产税暂行条例》规定的纳税人经营自用房产的计税依据，是指按房产原值一次减除 10%～30%损耗价值后的余值。

10. 到岸价格是指货价加上货物运抵我国关境内输入地点起卸前的包装费、运费、保险费和其他劳务费等的价格。

11. 船舶净吨位是指额定装运货物和载运旅客的船舱所占有的空间容积，即船舶各个部位的总容积，扣除按税法规定的非营业用的容积，包括驾驶室、轮机间、业务办公室、船员生活用房等容积后的容积。

12. 契税是以所有权发生转移变动的不动产为征税对象，向产权承受人征收的一种税。

（二）填空题

1. 能源矿产　金属矿产　非金属矿产　水气矿产　盐
2. 从量计征　从价计征
3. 源泉
4. 城市　县城　建制镇　工矿区
5. 房产计税余值　房租收入
6. 1.2%　12%
7. 书立、领受、使用应税凭证　从事证券交易
8. 按凭证所载金额　按件定额
9. 各自金额
10. 专利、权利许可证照　其他营业账簿
11. 从价比例税率　按件固定税额　0.05‰　0.3‰　0.5‰　1‰　5元
12. 自行计税　自行购花　自行贴花并自行注销
13. 到岸价格
14. 应交税费
15. 税金及附加　应交税费——应交资源税　应交税费——应交资源税　银行存款
16. 在途物资　银行存款　在途物资　应交税费——应交资源税　应交税费——应交资源税　银行存款
17. 管理费用　应交税费——应交房地产税
18. 其他业务支出　应交税费——应交土地增值税
19. 实际占用的耕地面积
20. “固定资产”“在建工程”“无形资产”

（三）判断题

1. ×　【解析】资源税的纳税人包括外商投资企业和外国企业。
2. ×　【解析】森林资源、海洋资源和水资源不属于资源税的征收范围。
3. √
4. ×　【解析】纳税人开采或生产应税资源产品销售的，以应税产品的销售数量为征税数量。
5. ×　【解析】资源税实行单一环节一次征收制。
6. ×　【解析】现行印花税只对《中华人民共和国印花税暂行条例》列举的凭证征收，没有列举的凭证不征税。
7. ×　【解析】两个企业签订的易物合同，双方应按购销金额合计数分别承担纳税义务。

8. × 【解析】记载资金的账簿，每年只对“实收资本”和“资本公积”增加数贴花。

9. × 【解析】对于进口商品缴纳的关税，借方应记入“在途物资”科目。

10. × 【解析】企业缴纳的印花税，应通过“管理费用”科目核算。另外，印花税不通过“应交税费”科目核算，企业在购买印花税票时，直接贷记“现金”或“银行存款”科目。

11. √ 【解析】代理进口业务缴纳的关税，是由委托方负担的。

12. × 【解析】划分不清的，一律缴纳车船税。

13. × 【解析】耕地占用税纳税人按有关规定向土地管理部门办理退还耕地的，已纳税款不予退还。

14. × 【解析】契税是对在我国境内转移土地、房屋权属，由承受单位和个人缴纳的一种税。

15. √ 【解析】城市维护建设税是以增值税、消费税的税额为计税依据征收的一种税。

16. √ 【解析】增值税、消费税加收的滞纳金和罚款不作为计提城市维护建设税的计税依据。

17. × 【解析】对出口产品退还增值税和消费税的，不退还已纳的城市维护建设税。

（四）选择题（含单选、多选）

1. D 【解析】在资源税税目中，煤炭指的是原煤。

2. A 【解析】资源税纳税人开采或生产应税产品销售的，征税数量为实际销售量。

3. AD 【解析】资源税是对级差收入进行调节而征收的一种税；现行资源税只对税法列举的资源征收资源税，因此属于狭义的资源税。

4. BD 【解析】资源税只对原矿征收，不包括人造石油和煤矿伴生的天然气。

5. ABCD 【解析】城镇土地使用税由拥有土地使用权的单位和个人缴纳。土地使用权未确定或权属纠纷未解决的，由实际使用人纳税；土地使用权共有的，由共有各方分别纳税。

6. C 【解析】纳税人经营自用的房屋按房屋余值纳税。

7. B 【解析】房屋出租的，房产税由出租人缴纳。

8. ACD 【解析】农村不征收房产税。

9. BCD 【解析】印花税是对应税凭证、权利许可证照及营业账簿征收的税种。

10. ABD 【解析】印花税的纳税方法包括自行贴花、汇贴或汇缴及委托代征三种。

11. AD 【解析】企业在自用未对外销售应税资源税产品时，其缴纳的资源税应借记“生产成本”“制造费用”科目。

12. B 【解析】城镇土地使用税通过“管理费用”科目核算。

13. C 【解析】耕地占用税的纳税人应自获准征用或占用耕地之日起 30 日内向征收机关申报纳税。

14. C 【解析】纳税人签订土地、房屋权属转移合同的当日，或者取得其他具有土地、房屋权属转移合同性质凭证的当日，为契税的纳税义务发生时间。

15. A 【解析】纳税人新购置车辆使用的，其车船使用税的纳税义务发生时间为购置使用的当月。

16. BD 【解析】查补增值税、消费税而加收的滞纳金和罚款不作为计提城市维护建

设税的计税依据。

（五）简答题

1.【解析】

契税的纳税人是在我国境内转移土地、房屋权属过程中承受土地、房屋的单位和个人。承受是指以受让、购买、受赠、交换等方式取得土地、房屋权属的行为。契税的计税依据有三种：

（1）土地使用权出让、出售，房屋买卖，为成交价格。

（2）土地使用权交换、房屋交换，为所交换的土地使用权、房屋价格的差额。

（3）土地使用权赠予、房屋赠予以及其他没有价格的转移土地、房屋权属行为，为税务机关参照土地使用权出售、房屋买卖的市场价格依法核定的价格。

成交价格、交换价格的差额明显偏低且无正当理由的，由税务机关参照市场价格依法核定。

2.【解析】

城市维护建设税的计税依据是纳税人实际缴纳的增值税、消费税的税额。城市维护建设税的计税依据可以扣除期末留抵退税退还的增值税税额。城市维护建设税和增值税、消费税同时同地缴纳，增值税、消费税的查补税额也应计入城市维护建设税的计税依据，但加收的滞纳金、罚款不计入。因减免增值税、消费税而需要退库的，城市维护建设税也可同时退库。但是，对出口产品退还增值税和消费税的，不退还已纳的城市维护建设税。城市维护建设税的计算公式为：

应纳税额＝纳税人实际缴纳的增值税、消费税之和×适用税率

（六）综合题

1.【解析】

CIF＋佣金折合人民币＝450 000×(1＋3%)×0.95＝440 325(元)

运杂费折合人民币＝50×800×6.3＝252 000(元)

关税计税价格＝440 325＋252 000＝692 325(元)

应交进口关税＝692 325×15%＝103 848.75(元)

企业计提应缴关税时，会计分录为：

借：在途物资　　103 848.75

　贷：应交税费——应交关税　　103 848.75

企业实际缴纳关税时，会计分录为：

借：应交税费——应交关税　　103 848.75

　贷：银行存款　　103 848.75

2.【解析】

从 FOB 中扣除佣金＝5 000×560×(1－2%)＝2 744 000(美元)

关税计税价格＝$\dfrac{2\ 744\ 000}{1+10\%}$＝2 494 545.45(美元)

折合人民币＝2 494 545.45×6.28＝15 665 745.43(元)

计算出口关税 $=15\ 665\ 745.43\times10\%=1\ 566\ 574.54$（元）

计缴关税时，会计分录为：

借：税金及附加　1 566 574.54

　贷：应交税费——应交出口关税　1 566 574.54

实际上交时，会计分录为：

借：应交税费——应交出口关税　1 566 574.54

　贷：银行存款　1 566 574.54

3.【解析】

计算应交各项税金：

应交关税 $=100\ 000\times6.3\times20\%=126\ 000$（元）

应交消费税 $=\dfrac{100\ 000\times6.3+126\ 000}{1-30\%}\times30\%=324\ 000$（元）

应交增值税 $=(100\ 000\times6.3+126\ 000+324\ 000)\times13\%=140\ 400$（元）

支付国外进价及增值税时，会计分录为：

借：在途物资　630 000

　　应交税费——应交增值税（进项税额）　140 400

　贷：银行存款　770 400

计算应交关税、消费税时，会计分录为：

借：在途物资　450 000

　贷：应交税费——应交进口关税　126 000

　　　应交税费——应交消费税　324 000

支付关税及消费税时，会计分录为：

借：应交税费——应交进口关税　126 000

　　应交税费——应交消费税　324 000

　贷：银行存款　450 000

4.【解析】

收到 A 厂预付货款时，会计分录为：

借：银行存款（或外汇存款）　100 000

　贷：预收账款——A 厂　100 000

接到进口单证向外支付货款时，会计分录为：

借：应收账款——A 厂　500 000

　贷：银行存款　500 000

按结算发票向 A 厂结算时，会计分录为：

借：应收账款——A 厂　80 000

　贷：代购代销收入　5 000

　　　应交税费——应交进口关税　75 000

结转预收账款时，会计分录为：

借：预收账款——A 厂　100 000

　贷：应收账款——A 厂　100 000

收到A厂应收账款时，会计分录为：

借：银行存款　　480 000（500 000＋80 000－100 000）

　贷：应收账款——A厂　　480 000

以银行存款支付进口关税时，会计分录为：

借：应交税费——应交进口关税　　75 000

　贷：银行存款　　75 000

5.【解析】

企业按规定纳税期限预缴税款时（每5天一次）：

借：应交税费——应交资源税　　700 000（4 200 000/6）

　贷：银行存款　　700 000

月终，企业按规定计算本月应纳税额时：

$$对外销售原煤应纳税额=1.2\times 2\ 400\ 000=2\ 880\ 000(元)$$

$$\begin{aligned}用生产的原煤加工选煤应纳税额&=\frac{800\ 000}{0.8}\times 1.2\\&=1\ 000\ 000\times 1.2\\&=1\ 200\ 000(元)\end{aligned}$$

借：税金及附加　　2 880 000

　　生产成本　　1 200 000

　贷：应交税费——应交资源税　　4 080 000

[说明：月终，企业与税务机关清算，多交税款12万元（＝420－408）。对于多交的税款，企业在纳税申报时经税务机关批准，可于下月抵扣。]

6.【解析】

计算各项业务应交资源税：

$$销售自产原煤应交资源税=0.8\times 10\ 000\ 000=8\ 000\ 000(元)$$

$$原煤自用应交资源税=0.8\times 100=80(元)$$

$$原煤投资应交资源税=0.8\times 100\ 000=80\ 000(元)$$

$$原煤抵债应交资源税=0.8\times 500=400(元)$$

$$原煤以物易物应交资源税=0.8\times\frac{400\ 000}{80}=4\ 000(元)$$

$$原煤支付投资利润应交资源税=0.8\times\frac{600\ 000}{80}=6\ 000(元)$$

计算资源税时，会计分录为：

借：税金及附加　　8 010 400（8 000 000＋400＋4 000＋6 000）

　　应付福利费　　80

　　长期股权投资　　80 000

　贷：应交税费——应交资源税　　8 090 480

上交资源税时，会计分录为：

借：应交税费——应交资源税　　8 090 480

　贷：银行存款　　8 090 480

图书在版编目（CIP）数据

税务会计（第三版）学习指导书/梁俊娇，王怡璞主编. --北京：中国人民大学出版社，2020.10
"十三五"普通高等教育应用型规划教材. 财税系列
ISBN 978-7-300-28599-3

Ⅰ.①税… Ⅱ.①梁… ②王… Ⅲ.①税收会计-高等学校-教学参考资料 Ⅳ.①F810.62

中国版本图书馆 CIP 数据核字（2020）第 181354 号

"十三五"普通高等教育应用型规划教材·财税系列
税务会计(第三版)学习指导书
梁俊娇　王怡璞　主编
Shuiwu Kuaiji (Di-san Ban) Xuexi Zhidaoshu

出版发行	中国人民大学出版社		
社　址	北京中关村大街 31 号	邮政编码	100080
电　话	010－62511242（总编室）		010－62511770（质管部）
	010－82501766（邮购部）		010－62514148（门市部）
	010－62515195（发行公司）		010－62515275（盗版举报）
网　址	http://www.crup.com.cn		
经　销	新华书店		
印　刷	北京七色印务有限公司		
规　格	185 mm×260 mm　16 开本	版　次	2020 年 10 月第 1 版
印　张	12	印　次	2020 年 10 月第 1 次印刷
字　数	284 000	定　价	32.00 元